無大無小？

袁世凯与朋僚

侯宜杰作品

人民东方出版传媒
東方出版社

图书在版编目（CIP）数据

无大无小？：袁世凯与朋僚 / 侯宜杰 著．—北京：东方出版社，2018.8
ISBN 978-7-5207-0368-0

Ⅰ.①无… Ⅱ.①侯… Ⅲ.①袁世凯（1859-1916）—评传 Ⅳ.① K827=52

中国版本图书馆 CIP 数据核字（2018）第 085861 号

无大无小？：袁世凯与朋僚
（WU DA WU XIAO?: YUAN SHIKAI YU PENGLIAO）

作　　者：侯宜杰
策　　划：陈　卓
责任编辑：安玉霞
责任审校：金学勇
封面设计：周伟伟
出　　版：东方出版社
发　　行：人民东方出版传媒有限公司
地　　址：北京市东城区东四十条 113 号
邮　　编：100007
印　　刷：北京市楠萍印刷有限公司
版　　次：2018 年 8 月第 1 版
印　　次：2018 年 8 月第 1 次印刷
开　　本：880 毫米 ×1230 毫米 1/32
印　　张：6.5
字　　数：126 千字
书　　号：ISBN 978-7-5207-0368-0
定　　价：48.00 元
发行电话：（010）85924663　85924644　85924641

目 录

徐世昌：一生至交

徐世昌字卜五，号菊存，一号鞠人，1855 年 10 月 20 日生于河南省汲县（今卫辉市）。幼年父亲去世，家境清贫。成年后，在几个县署任文书或为家馆教师。

1879 年 4 月，徐世昌在河南省淮宁县署办理文牍，听说项城县袁甲三（袁世凯的二叔祖）祠中的园林不错，前往游览。适巧袁世凯亦在园中，见其“状貌伟然，殷勤接语，纵谈当世之务，惊以为奇，因委心纳交”[①]。遂结拜为盟兄弟，袁世凯称徐世昌为大哥。不久，徐世昌与其弟徐世光参加顺天乡试，袁世凯知其旅费不足，又出资相助。

1881 年袁世凯投奔庆军，与徐世昌天各一方。

1882 年，徐世昌考中举人。1886 年又中进士，选为翰林院庶吉士，入庶常馆学习。1889 年散馆，授职编修。

① 贺培新：《徐世昌年谱》卷上，《近代史资料》总 69 号，第 8 页。

1895年中日甲午战争结束，袁世凯回河南省亲。后奉旨进京。8月2日光绪皇帝召见了他，命其到督办军务处差委。9月3日，他方才会见了省亲回京的徐世昌。久别重逢，他们都欢喜异常，谈了很久。其后，又多次会晤、聚餐，交换对朝政时局的意见。康有为、梁启超创立强学会，他们均列名其中。

甲午战争的失败彻底暴露出中国旧有军队的腐败无能，清政府着手筹建新式陆军。袁世凯在甲午战争中即提出用西方国家的方法编练新军，到督办军务处以后，极力结交该处亲王、大臣及其他权贵。12月8日，清廷命其前往天津小站镇接管定武军，作为改练新军的基础。11日，徐世昌等人设宴为其饯行。次日一早，又亲自前往送行。

袁世凯接管定武军后，奏请将其改名为新建陆军，并请徐世昌襄助，以后又再三敦促。但徐世昌没有同意。1896年12月，徐世昌因母亲病故，服丧在家。1897年6月底，他处理完家事，回到天津祖籍。袁世凯立即派人将其接到小站。7月21日，聘其为参谋营务处总办。

徐世昌何以不当翰林公，而去充当袁世凯的幕宾？按照清朝的制度，父母去世，官员必须离职，在家守丧三年（实为二十七个月），称为守制。三年期满，始能起复。如遇特殊情况，朝廷可以命令其不必去职，或者丧期未满令其复职，叫作夺情。但在守制期间，官员可以应聘加入幕府，因为幕宾不属于国家官吏，不受守制制度的限制。而且幕宾与聘请的主官之间是师友或宾客关系，不是上下级僚属关系，来去自由。所以，他在守制期间无所事事，加上可以增加收入，便临时措置，充当了袁世凯的幕宾。袁世凯对他极为信赖，让他帮助赞画一切。他也不负盟弟所望，考阅军事学堂文卷，考核兵目操法，校订行军攻守阵式图说，改订讲训兵官功课，甚至亲自参加操演行军，点名发饷，验看新兵，参与编纂《新建陆军兵略录存》，成为袁世凯最得力的智囊和军师，赢得了全体官兵的尊重。张勋之流羡慕其翰林之名，拜其为师。新建陆军比旧军大大前进了一步，实开中国陆军近代化的先河。在这一改革过程中，袁世凯功不可没，徐世昌也尽了一份心力。

甲午战争之后，亡国灭种的巨大危险，迫使先进的知识分子康有为等人起而呼吁变法维新，救亡图存。颇愿有所作为的青年皇帝光绪受到维新派的影响，积极主张变法。于是 1898 年出现了中国近代历史上第一次变法运动。

对于改革，袁世凯也是赞成的。他曾两次上书光绪的师傅、军机大臣兼户部尚书翁同龢说，时局危险极了，必须实行变法，最重要的是用人、理财、练兵三件大事。1898 年 3 月，他又进京面谒翁同龢，“深谈时局”，拿出“瓜分中国画报”给翁同龢看；[①]“切言必亡必分之道，必须大变法，以图多保全数省”[②]。对于他的这些活动，徐世昌是支持的。

---

① 《翁同龢日记》第 6 册，第 3102 页，中华书局，1997 年。

② 《袁世凯致徐世昌函》，《近代史资料》总 37 号，第 11 页。

6月11日，光绪颁布“明定国是”诏，接着进行变法，引起顽固守旧派的极端仇视。康有为以为袁世凯夙驻朝鲜，知道外国的事情，讲求变法，过去与其同办强学会，又拥有兵权，只有他能救皇帝；但他与荣禄的关系至为密切，又虑其为荣禄所用，不肯答应，便派亲信弟子徐仁禄前去试探。袁世凯请徐世昌出面接待，徐世昌仅以模棱两可的话应付。徐仁禄误以为成功地挑拨了袁世凯与荣禄的关系，回报康有为。康有为遂代礼部侍郎徐致靖拟了一个密保练兵大员疏，向光绪举荐了袁世凯。又让谭嗣同递密折，请召袁世凯进京，结以恩遇，以备不测。9月11日，光绪命荣禄传知袁世凯来京陛见。

袁世凯在天津接到荣禄传达的着其即行来京陛见的电旨，感到事非寻常，立即打电话约徐世昌赴津。12日，徐世昌从小站冒雨前往，袁世凯与其商谈，并嘱其先行进京探听消息。

13日，徐世昌坐火车抵京，住在外城友人家中，出访数友。次日又看数友。同一天，袁世凯到京，住在内城的法华寺。徐世昌向他汇报了侦探到的消息，留下住宿。15日，徐世昌又出去探听消息。

16日，光绪召见了袁世凯，询问军事甚详，并问他：假如让你负起统领军队之任，能否矢忠于朕？袁世凯赶忙赌咒发誓：“臣当竭力以答皇上之恩，一息尚存，必思效忱。”[①] 光绪以为他可以信任，即谕内阁开去其直隶按察使缺，以侍郎候补，仍专办练兵

---

① 许指严：《十叶野闻》，见《近代稗海》第11辑，第93页，四川人民出版社，1988年。

事务。袁世凯对超擢侍郎“自知非分”，唯恐引起顽固守旧派的怀疑，急忙去各处拜访，加以解释。

徐世昌仍在外城活动。

17 日早晨，袁世凯入颐和园谢恩，光绪告诉他以后可与荣禄各办其事。徐世昌又回到法华寺住宿，与袁世凯密议。

朝内朝外大都是顽固守旧势力，慈禧太后反对变法的态度愈来愈强硬。光绪自知权力有限，非常惊惧。曾于 9 月 14 日写了一道密诏交杨锐带给康有为等人，告诉他们皇位危险，让他们妥筹良策。但杨锐竟未及时送出。18 日，林旭才把密诏交给康有为。康有为当即与梁启超、谭嗣同、康广仁、杨锐等人商议营救光绪之策，徐世昌也参加了。他们始终想不出一个善策，最后大家嘱咐谭嗣同前去说服袁世凯“勤王”。

晚上，徐世昌回到法华寺，将康有为等人商议对策和谭嗣同前来的事情向袁世凯讲了，而后急筹对策。通过摸底观察，他们已经判断出软弱无力的光绪和维新派必然失败，势力强大的慈禧一定会取得胜利。

深夜，谭嗣同来到法华寺，与袁世凯交谈，参与的只有“某幕僚”即徐世昌一人。谭嗣同直言不讳地问袁世凯愿不愿意除去荣禄，保护光绪。袁世凯回答得极其肯定坚决，但对行动，仅说事情紧急，必须赶快回天津加紧部署。

当谭嗣同问：“荣禄遇足下素厚，足下何以待之？”

袁世凯笑而不答。

徐世昌在一旁插话说："荣贼并非推心待慰帅（袁世凯字慰亭，或作慰庭、慰廷，因其为项城人，亦称其为项城）者，昔某公欲增慰帅兵，荣曰：'汉人未可假大兵权。'盖向来不过笼络耳。……荣贼心计险极巧极之处，慰帅岂不知之？"[①] 谭嗣同告辞后，二人又密商一阵。

19 日，徐世昌回天津。

20 日，光绪再次召见袁世凯。袁世凯奏称变法不能太急，只可让张之洞等明达时务、老成持重的人物赞襄主持，新进诸臣阅历太浅，办事不慎密。下午，他赶回天津，直奔总督衙门向荣禄告密。

9 月 21 日早晨，慈禧在宫内发动政变，重新训政，囚禁光绪于瀛台。同时下令捉拿康有为及其弟康广仁。得知袁世凯告密的情况之后，又下令逮捕其他维新派人士。28 日，维新志士谭嗣同、林旭、康广仁、杨锐、刘光第、杨深秀同时被杀于北京菜市口，时人称为"戊戌六君子"。袁世凯的告密扩大了政变的牵连面，增强了政变的剧烈程度。徐世昌为其侦察情况，共同策划，也逃脱不了罪责。

1899 年 4 月，徐世昌服丧期满，提出辞去营务，回京供职。袁世凯强行将其留下，奏称：徐世昌学粹品优，才识明敏，尤能留心兵事，谙习戎机，洵为体用兼备，臣营实不可少。请允其仍

① 梁启超：《谭嗣同传》，见中国史学会主编：《戊戌变法》4，第52页，上海人民出版社、上海书店出版社，2000 年。

留襄办营务，并援照成案，免扣资俸。清廷批准徐世昌留办营务，但不准免扣资俸。5月，袁世凯奉旨带领军队前赴山东操演行军阵法，小站营内诸事均请徐世昌代管。二人书来信往不断，袁世凯对其所论佩服之至。11月，徐世昌再次提出入京供职，态度坚决。袁世凯只得答应。12月，袁世凯署理山东巡抚，徐世昌也回翰林院复职了。

1900年8月八国联军攻占北京后，徐世昌来到济南，与袁世凯会晤，了解了一些朝中情形，而后奔赴慈禧与光绪等人所在的西安。到后奉派在新设的政务处阅核条奏折件。1901年5月，经袁世凯保荐，徐世昌以道员交军机处存记，从此官运亨通。1902年回到北京后，历任总办政务处、财政处提调、署政务处提调、商部左丞、练兵处提调、署理兵部左侍郎。1905年6月，在军机大臣上学习行走，旋任政务处大臣、会办练兵大臣。此时已任直隶总督的袁世凯奏请让徐世昌管理驻扎南苑一带的陆军第四镇。

1905年7月16日，清廷派五位大臣出洋考察政治，徐世昌为其中之一。9月24日，出洋考察政治大臣的专车在北京正阳门车站忽遇革命党人的炸弹爆炸，考察之事被迫暂缓。袁世凯建议设立巡警部，维持治安，预防革命党人潜伏。在其推荐下，徐世昌出任该部尚书。1906年1月兼署兵部尚书，补授军机大臣。11月，开去军机大臣，任民政部（巡警部改）尚书，兼参预政务大臣。

继而徐世昌奉旨同奕劻之子、农工商部尚书载振赴东三省查办事件。车过天津，袁世凯招待备极殷勤。二人返回天津时，袁世凯招待更加热情，并与他们商讨了东三省的问题。1907 年 4 月 20 日，清廷将东三省改为行省，任命徐世昌为东三省总督，兼管三省将军事务，并授为钦差大臣。徐世昌赴天津与袁世凯会商了调拨新军移驻东三省和筹办外交的问题。

4 月 29 日，四川总督岑春煊入京，一连三日被召见，狠揭庆亲王奕劻贪庸误国。接着，御史赵启霖又上折揭参段芝贵向载振奉献歌妓杨翠喜，奉送奕劻十万两银票作寿礼，得以署理黑龙江巡抚。慈禧大怒，命令确切查明。但在袁世凯的周密安排和庇护下，奕劻父子躲过了这一劫，在幕后策划的徐世昌（尚未赴东三省总督任）亦“甚出力”[①]。同年 9 月，袁世凯调任军机大臣兼外务部尚书。

1908 年 11 月，光绪皇帝与慈禧太后接连逝世，宣统继位，摄政王载沣执政。1909 年 1 月 2 日，载沣将袁世凯罢官。徐世昌因与袁世凯关系密切，内心不安，称病奏请开缺。载沣没有批准，2 月将其内调为邮传部尚书。1910 年 2 月，授为协办大学士。8 月，免去邮传部尚书，授为军机大臣。9 月，授为大学士，旋又授为体仁阁大学士。

1911 年 5 月 8 日，皇族内阁成立，奕劻为总理大臣，那桐、徐世昌为协理大臣。徐世昌调到北京后，一直在暗中代袁世凯照管着北洋军，向袁世凯通报情况，有起用袁世凯之心。任命为协

---

① 《致两江总督端方电》，骆宝善等主编《袁世凯全集》第 16 卷，第 176 页，河南大学出版社，2013 年。

理大臣时，他对那桐说："此席予居不称，唯慰廷才足胜任，而以朋党嫌疑，不便论列，奈何！"那桐说："是何难，我言之可耳。"遂奏请辞职，公开赞扬袁世凯的才干胜其十倍，声称若蒙特用，必可宏济艰难。徐世昌不敢公然推荐，但在辞职折中所说的请求破格擢用的"扶危济变之才"，也是指的袁世凯。[①]

皇族内阁违背立宪原则，又公然践踏宪政，宣布铁路干线国有政策，同外国银行团签订湖广铁路借款合同，遭到人民的强烈反对，引起保路风潮。

10月10日，革命党人在武昌发动起义，成立湖北军政府。12日，载沣命陆军大臣荫昌督率军队前往镇压。奕劻、那桐、徐世昌知其难以胜任，一起向载沣施加压力，请起用袁世凯。14日，载沣任命袁世凯为湖广总督，督办剿抚事宜。袁世凯虽然应命，并不赴任。徐世昌致函慰问，并向他推荐了几个人。后来有徐世昌密赴彰德会晤袁世凯及袁世凯提出出山六项条件之说，实则只是传闻，并无其事。

革命形势的迅速发展迫使载沣再授袁世凯为钦差大臣，满足了他提出的所有要求，他才到达湖北前线。奕劻、那桐和徐世昌见其已经出山，11月1日同时奏请辞职。11日，载沣任徐世昌为军咨大臣。

16日，袁世凯在京组织责任内阁。内阁不设协理大臣，但保留了前内阁阁丞华世奎的位置。华世奎是徐世昌的同乡老友，一

---

① 沈云龙：《徐世昌评传》，第132－133页，台北，1979年。

向唯徐世昌之马首是瞻。遇有重要公文，袁世凯必使其就商于徐世昌。徐世昌仍然参与袁世凯的重大机密，担负着实际上的协理大臣责任。关于军事问题，更可与徐世昌会商。他们配合默契，掌握了清廷的军政大权。

袁世凯东山再起，目的是打着清室的旗号打压革命力量，再借革命力量威胁清廷，最后取得全国政权。故其出山以后就不断派人与湖北军政府联系议和。经过几度磋商，湖北军政府和已到武昌的独立各省代表同意停战谈判。

12 月 1 日，袁世凯使清廷授徐世昌为专司训练禁卫军大臣，去掌握忠于清室的军队。

对于与民军进行和谈，恭亲王溥伟、肃亲王善耆等皇室贵族和一些效忠清室的汉族大臣同声反对。他们严厉质问："龟山大捷，汉口［阳］收复，乘胜渡江，武昌指日可下，为何既打胜仗，尤需停战言和？"袁世凯与徐世昌商议后，软中带硬地回答说："汉口［阳］虽已收复，南京又告陷落。南京要冲，倍于武汉。党人势大，国人受其蛊惑，人心浮动，军心更形不稳。议和是一时权宜之计，岂能忘恩于清室？期以三年，必败党人。若以天下为孤注，殷鉴不远，噬脐何及！"[①]经此一骗一吓，皇室亲贵们不再有所表示。

6 日，袁世凯以实行责任内阁的名义，迫使载沣辞去形同虚设的摄政王。同一天，隆裕太后授徐世昌为太保，令其护卫小皇

① 张达骧：《我所知道的徐世昌》，《文史资料选辑》第 48 辑，第 224 页。

帝宣统。

7日，清政府授袁世凯为与南方民军和谈的全权大臣。袁世凯当日委派唐绍仪为总代表南下议和。民军总代表伍廷芳提出，人心倾向共和，若非承认共和，别无议和之法。27日，唐绍仪提出召开国民大会，公决民主和君主的方案，致电袁世凯代奏。袁世凯与徐世昌密商，“认为国体共和已是大势所趋，但对于宫廷及顽强亲贵不能开口。若照唐电召开国民大会，可由大会提出，便可公开讨论，亦缓脉急受之一法”[①]。他们研究之后又分头找奕劻密议，决定由内阁奏请隆裕太后召集王公大臣开会讨论。

1912年元旦，中华民国临时政府成立，孙中山就任总统，但明确表示会让位于袁世凯。

在此之前，徐世昌交卸了禁卫军训练处事务。2月6日，看到清帝退位已成定局，又奏请开去军咨大臣。3月，看到袁世凯当上了临时总统，他又托言“国变忧愤，力辞太保”[②]。

6月，当国务总理唐绍仪有辞职的传言时，袁世凯曾想请徐世昌出面组阁，助其一臂之力。徐世昌一向老谋深算，凡事求稳，看到民国初建，党派林立，必定同专横武断的袁世凯搞不到一起，如果在这个纷争时代出来，肯定会遭到各方责难，因而不愿出头。他向袁世凯表示，现在出仕，愧对清室，约以两年后出山。袁世凯没有勉强，临别时对他说：“俟我将这一起昏小子撵了，再预

---

① 张国淦：《辛亥革命史料》，第294页，龙门联合书店，1958年。

② 沃丘仲子：《徐世昌》，第23页，上海崇文书局，1918年。

备着迎接老大哥。”[①] 告别了袁世凯，徐世昌前往河南、山东旅游，然后随同一些清室遗老躲进青岛租界当了寓公，以示不忘清室，不做民国的官。但他们的联系从未间断。1913 年 7 月，袁世凯又想改组内阁，请徐世昌任国务总理。徐世昌以为机会尚未成熟，不肯担任，致电袁世凯说，愿为总统空山老友。同年 10 月，袁世凯当选为正式总统，授徐世昌勋一位。

1914 年春夏之交，袁世凯确实把国民党那帮“昏小子撵了”，便派吴笈孙到青岛去迎接他的老大哥进京就任国务卿。

徐世光得知，对夫人说，吴笈孙“这个勾命鬼又来啦，大哥一定叫他坠走，我不能让大哥去。”晚饭时，他先将屋门关上，而后问：“大哥，你到北京干什么？”

徐世昌没有回答。

徐世光切实责备说：“你以前对我说的一时权宜、不忘清室的那些话，言犹在耳，才两年多，你忘了吗？你现在竟要做民国的官，太后和皇帝封你太傅衔太保，隆恩殊遇，有清一代能有几人？议和之际，你曲从袁谋，已为世人所不谅；今党人已败，你若再为袁效力，盖棺论定，将何以见先太后、先皇于地下？”[②] 从封建伦理的角度看，这番责备不可谓不义正词严。

徐世昌听后，瞬息之间也感到面红耳热，有些内疚，始终不发一言；但一想到崇赫的国务卿位置，看一看眼前寂寂无闻的生

① 沃丘仲子：《徐世昌》，第 26 页。

② 张达骧：《我所知道的徐世昌》，《文史资料选辑》第 48 辑，第 227 页。

活，封建伦理又不值分文了，急于重登政治舞台的强烈欲望促使他次日离开青岛北上。

4月23日，徐世昌抵达北京。袁世凯连续几天约其谈话，留其吃饭。5月1日通令全国，废除国务院，于大总统府设立政事堂，特任徐世昌为政事堂国务卿。徐世昌虚伪地上呈辞谢，说什么国务卿“责任至为重大”，本人“衰朽迟钝”，“世情久已淡忘，政务诸多隔阂”，“不敢轻于一试”，请收回成命；并风格很高地表示，他可以“以散员留居京寓，遇有所见，随时献纳”，“尽其一民之义务”。次日，袁世凯批示：“难进易退，此为君主时代属于一姓一家者言之。若夫共和政体，天下为公，选贤与能，同服义务，但当学伊尹之任，不当学伯夷之清。本大总统亦国民一分子耳，俯仰天地，复何所求！徒以全国人民群相推挽，撑持危局，舍我其谁！苟非为国得人，即藐躬未为尽职。赞襄国务，必有老成。……万勿推辞。”经袁世凯如此“责以大义”，徐世昌也就不敢“自耽安逸”了，且“念兴亡之有责”，立即走马上任。[①]并亲自书写了“后乐堂”匾额，悬挂于政事堂，取“先天下之忧而忧，后天下之乐而乐”的意思，以标榜自己不是来做官，而是为国民尽义务的。政事堂的作用与清朝的军机处类似，国务卿的地位与宰相相去无几，袁世凯称徐世昌为“相国”。

1915年1月1日，袁世凯授徐世昌上卿衔。

5月以后，袁世凯加快了帝制自为的步伐。徐世昌阅历很深，

---

① 以上引文俱见《政府公报·公文》，1914年5月3日、7日。

经验丰富，善于深思熟虑，没有把握的事从来不去冒险。看到民党反对帝制日趋激烈，北洋军阀内部离心力大增，日本在利用帝制搞阴谋活动，知道国体不可遽改。再者，若在共和制度之下，以他的威望很有继袁而为总统的可能，若是实行帝制，将来向袁世凯及其儿子称臣，面子上实在难堪。因此，他不赞成袁世凯此时称帝，可是也不公然反对。

一日，载振奉其父亲奕劻之命晋谒徐世昌，对他说："项城（袁世凯）天与人归，似宜速正大位，俾天下宁一。"

他笑道："然则，君父子何不劝进？"

载振说："恐贻我宗人笑，故以告子，乞为领袖，敦劝项城。"

他说："然则，我不独畏贻旧日同官笑乎？望君勿再言。"

载振惭愧沮丧离去，告诉了一心想当太子的袁克定。

袁克定以其父亲袁世凯唯徐世昌之言是从，遂告诉徐世昌，已经决定实行帝制，请勿见阻。

徐世昌说："我不阻止，亦不赞成，听诸君好为之。"

有天袁世凯生病，徐世昌前去看望，适巧袁乃宽在座。

袁世凯唏嘘一阵，说："人生不能无疾病，生死殊不自料，以予自问，虽才不足望古人，而并世似无居予右者。然任事凡四年，志未尽展，设我去位，代任者虽已预举其名藏之，然其才力或尚逊于予，中国后来安危，正难预卜耳。"

袁乃宽忽然站起来说道："总统有任期，何足尽公才，毋宁改国体。"

袁世凯瞪起眼睛望着徐世昌，徐世昌低头像没有听见一样。[①]

后来袁世凯约徐世昌面谈，问道："外间劝进事，大哥知道吗？事可行吗？"

徐世昌沉默片刻，答道："我不知此事。"

袁世凯说："外间喧传日久，你哪能不知道呢？"

徐世昌答道："知之为知之，不知为不知。"

袁世凯知其是观望的意思，即未再问。[②]

8月，杨度发起组织筹安会。徐世昌见帝制之事已经公开，郑重劝袁世凯："事虽勿论是非，而不可不计利害。默揣时势，诚未敢期其必成。设竟废于半途，将以何术转圜？"

袁世凯闻言愕然，问："国中握有权力者，岂亦有反对我者乎？"

徐世昌严肃地答道："陆荣廷等不必论，即相从最久之冯国璋、段祺瑞，已自有意见，故知其不易。"

过了几天，袁世凯即准段祺瑞之请，令其养病。又派人南下，侦察冯国璋举动，见其捕戮民党甚夥，方才释然。对徐世昌说："今为众人所推，予虽欲辞，亦不可得，恐不日即成事实矣。"

徐世昌说："事实不易成。私计苟称帝，非有银万万不办。盖典礼之筹备，言论之收买，军队之犒赏，皆将取资于是。而今日库储如洗，其以何法应付之？"

---

① 沃丘仲子：《徐世昌》，第26－27页。

② 张达骧：《我所知道的徐世昌》，《文史资料选辑》第48辑，第228页。

既而税务督办梁士诒愿意担任财政，谓能以一个月筹足八千万元。袁世凯父子大喜，更加积极地推行帝制。[①]

徐世昌反对帝制，完全是为袁世凯着想，知称帝之事万不可行。然而袁世凯业已鬼迷心窍，听不进善言，他只得求去。10月初，他身体不适，决心引退。袁世凯亲来问候送药，派医生诊治，写信并请其左右慰留。8日，袁世凯发布召集国民代表大会决定国体的告令，假借民意，背弃民国。

改变国体在即，徐世昌辞志更加坚决，致函袁世凯说："昨奉手教，词意恳挚，敦劝肫切。再三捧诵，无任悚惶。此次自事机发生，以至于今，一以服从大总统之训示为宗旨。迨事实之发现，每有出于大总统意计之外者。惝恍迷离，变象百出，此如何事，能无惧哉！从古大业之成，必有二三端悫诚毅之士，相与谋议于帷幄之中，沈思眇虑，横览九万里，下窥数百年，犹恐百密尚有一疏。今日者，呼号奔走，皆为名称之更换，而一切经国之宏纲巨制，一未预备，冒然从事，如何着手？近数年来，大总统以救国保种为念，苦心孤诣，担任艰巨，薄海人民，咸倚赖以为生存。世昌不敏，亦愿随大总统后，稍尽心力于此世。无如内忧外患，隐伏无穷，虽热心建设，亦从何着手？欲救斯世出危险，而手续未备，转因此生出无限危险，将若之何？大总统雄才盖世，必有筹策于万全，运用于无形者。特恐政治一度停滞，一番变更，而其中之困难，亦有不可思议者。大英雄本可造世界，特须由我

① 沃丘仲子：《徐世昌》，第27－29页。

手造，不可假手于人。今日者，帝由民选，各省分疆投票，此例一开，数十年后有无可虑，是可深长思矣。世昌之所以长顾却虑，不能不讨论于大总统之前者，正为维护大总统计耳，正为维护大总统久远之计耳，非有他也。世昌以山野之性，久无心于华膴，况衰病之躯，更何虚誉之计较哉！世昌辱大总统相知，订交数十年，从不敢唯诺随人，含糊误事，有累大总统知人之明。此次之出赞大总统者，本欲挽回厄运，保全中国，以襄成大总统无穷之盛业。始基未立，而中多梗阻，后此情形又不知若何。三哥病逝后，每遇重大事机，大总统之侧，日少直言谠论，后此堂廉［帘］高拱，艰巨日深，可不惧乎！世昌虽老，壮心未已，本欲赞助钧座，稍有树立，惜衰病侵寻，力不从心，无以报知己为愧耳。惟望放归田里，休养顽健，日事耕凿，随乡农野老以沐德化之成，咏蹈祈之。叨在知爱，病中拉杂陈复，皆在事实上着想，或不无笨拙之处，伏乞鉴察。”①

袁世凯与他谈了许久，加以挽留。

徐世昌说：“举大事不可不稍留回旋余地，若使亲厚悉入局中，万一事机不顺，无人以局外人资格发言，为谋转圜矣。某当此时而求去，非为自身计也。”②10月下旬，他辞职了，准备着袁世凯帝制失败时，以局外人资格，出来为其“转圜”。

---

① 北洋军阀史料编委会编：《北洋军阀史料》卷1，第604—609页，天津古籍出版社，1992年。

② 徐一士：《谈徐世昌》，《越风》第4期，1936年1月。

12月12日，袁世凯下令承认帝位。他知道有些旧日同僚不肯低首下跪，18日下令说：“凡我旧侣及耆硕故人，均勿称臣。”[①]徐世昌被列为故人之一。20日又特申令，以其为“嵩山四友”之一，除了见面不称臣、不跪拜之外，还享受其他特别优待。

徐世昌对人说：“所谓嵩山四友，即永不叙用之意。”谢而不受，并自书匾额“谈风月馆”，悬于书斋，表示不问政治。[②]

25日，蔡锷、唐继尧等通电宣告云南独立，武力讨伐袁世凯叛国称帝。袁世凯不思悔改，1916年元旦，改用“洪宪”年号纪年，做起皇帝来了。继而下令剿灭云南护国军。由于袁世凯背叛民国，丧失人心，贵州相继独立，进剿的北洋军被云南护国军打得一败涂地，革命党和各地人民也开展起武装斗争，外国同时提出警告。2月23日，袁世凯不得不宣布延缓帝制。

但形势并未有所好转。副总统黎元洪找张国淦计议。张国淦认为，北京方面欲扭转局势，应与徐世昌联系，因其平易近人，素为袁世凯所礼重。黎元洪同意。张国淦即到天津谒见徐世昌，力言：“近来时局危迫如此，若不彻底解决，大局将不堪设想。相国与项城关系，安可置身事外，不作最后之忠告。”

徐世昌说：“我本不赞成帝制，但是已闹到这样地步，‘取消’两字，叫我对项城如何开口？”

张国淦说：“我的意思，不只劝项城取消帝制，还劝其痛痛

---

① 《政府公报·命令》，1915年12月19日。

② 张达骧：《我所知道的徐世昌》，《文史资料选辑》第48辑，第228页。

怏怏退位。”

徐世昌沉思半晌，说：“整个更难开口，中国事，都是做一步再说一步。”

张国淦一再怂恿。

徐世昌说：“退位一层，此时实不便说。你姑为我拟函，劝其取消帝制。”

张国淦即代拟一函，中有“及今尚可转圜，失此将无余地”等语。

徐世昌看后以为措辞得体，颇为高兴，将较激刺的字句删去，亲笔缮写，派人送京呈给袁世凯。[①]

3 月 15 日，广西将军陆荣廷又宣布独立。与此同时，江苏将军冯国璋、山东将军靳云鹏、江西将军李纯、浙江将军朱瑞和长江巡阅使张勋密电联系各省，请速取消帝制，惩办祸首，以安人心。袁世凯绝望了，派人到天津接来徐世昌，密谈了取消帝制及如何布置的事情。徐世昌建议，此事关系太大，须约段祺瑞共同商办。22 日，袁世凯宣布撤销帝制，并任命徐世昌为国务卿。

撤销帝制后，袁世凯又以总统自居。徐世昌力图调和南北双方，但双方所提条件南辕北辙。袁世凯对徐世昌说：“南军不受调停，仍前反抗，要求各项，出乎轨范，不顾大局，有意破坏。

---

① 张国淦：《袁世凯与黎元洪的斗争》，见杜春和等编：《北洋军阀史料选辑》上，第 174 — 175、195 — 196 页，中国社会科学出版社，1981 年。

恐终难以理喻，即应早定大计，以维国本而靖边氛。”[①] 又说：“若南军要求过重，是系故意破坏大局，予断不稍予宽宥，应即剿灭倡乱人员，以保大局。”[②] 徐世昌知道双方没有共同语言，和事佬难当，于4月22日辞职。

6月初，袁世凯病危之际，徐世昌前去看望。袁世凯流泪说：“曩不听兄言，致有今日。国事任黎（元洪）、段（祺瑞）为之，唯家事恐儿辈处分不当，敢以托兄，且乞主持丧务。”徐世昌慨然许诺。[③]6日，袁世凯一命呜呼。徐世昌前往痛哭，与袁世凯夫人及诸子相见，并与段祺瑞等人商议处理身后之事。7月，前往彰德为袁世凯送葬。最初，袁克定要在袁世凯墓地题写“袁陵”，徐世昌怕贻人称帝口实，引起国人非议，没有同意，改题“袁公林”；并亲自在碑上手书“大总统袁公世凯之墓”。

袁世凯与徐世昌在青年时代相交，很快便天各一方，分别十几年，但二人的情谊并未因时间的流逝受到影响。此后，他们也是分离日多，相聚日少，但政见比较一致，互相照顾维护，均成为清末民初活跃在政治舞台上的重要人物。只是到了袁世凯称帝期间，处世圆滑的徐世昌才表示既不赞成，也不反对，政见出现分歧。尽管如此，他与袁世凯仍保持着友好的感情，准备在称帝失败时为老朋友转圜，事实上他做到了这一点，只是没有收到什

① 《交谕政事堂国务卿徐世昌》，《袁世凯全集》第35卷，第28页。

② 《召集国务卿徐世昌及各部总长宣示时局主张》，《袁世凯全集》第35卷，第91页。

③ 沃丘仲子：《徐世昌》，第32页。

么效果。袁世凯也不因其不支持帝制而产生隔阂，在关键时刻首先请他出来帮忙，甚至在临终时把家事完全托付于他。他们之间始终彼此信任，没有出现过明显的裂痕。

张　謇：第一个赏识袁世凯的人

张謇字季直，江苏通州（今南通市）人，1853 年生。幼有“神童”之称，1868 年考中秀才。1874 年任江宁发审局委员孙云锦的书记。两年后入庆军统领吴长庆幕府，治理机要文书，深受信赖。1880 年吴长庆升为提督，奉命帮办山东防务，张謇跟随移驻登州。

吴长庆与袁世凯的养父袁保庆为把兄弟，情同手足，后来同在南京供职，关系更加密切，认识了袁世凯。为了报答去世的袁保庆的深情厚谊，1881 年他写信给袁世凯，“招其往学军旅”[①]。袁世凯参加两次乡试，均未考中举人，又与妻子感情破裂，正在失意苦恼之时，接到来信，觉得跟着吴长庆会受到很好的照顾，将来前程大有希望，决定投笔从戎，10 月去了登州。

吴长庆招来袁世凯，意在叫他安心攻读，博得一第，所以极为优待，并请幕府名流张謇、周家禄指导他读书，改定他的文章。

---

① 袁保龄：《阁学公集》，“书札”卷 4，第 16 页，见《项城袁氏家集》，清芬阁刊本，1911 年。

袁世凯满怀希望谋个差使，没料到又叫他走最厌恶的科举之路，内心很不乐意，可是又不好拒绝，便勉强答应下来，从此与张謇结识了。

袁世凯的学问没有根底，作起八股不像样子。张謇毫不客气，往往涂改得一塌糊涂，有时因其文字芜秽，无从删改，索性搁置一边。偶然令其办理寻常事务，却井井有条，似颇干练。袁世凯为作文深感痛苦，心情抑郁，病了一场。一天晚上，张謇与他深谈，询问其志愿。他很坦率地说："我家中有田可耕，此来不是为谋糊口。我以为中国现在受列强压迫，法兰西侵略安南，扰及我南洋沿海，指顾之间，战事将起，假如对法失败，则列强或将群起瓜分。我当初因吴公（指吴长庆）膺海防重镇，需才必多，正是大丈夫报国之秋，不料到此之后，见吴公温雅如书生，并无请缨赴敌之意，谅我亦不甘久住也。"张謇见其言辞慷慨，不觉动容，遂说："慰亭，不必失望，我与吴公相处五年，深知吴公热心爱国。你既是有心人，不患无出头之日。"遂对另一幕僚朱铭盘讲了。朱铭盘倒赏识袁世凯会办事，向吴长庆说情。吴长庆知道袁世凯决心从戎，也很欢喜，委其帮办营务处。[1]

1882 年 7 月，属国朝鲜发生兵变，国王李熙的父亲李昰应乘机掌握了朝政。正在天津的朝鲜大臣金允植闻讯，马上求援于署理直隶总督兼北洋大臣张树声（直隶总督兼北洋大臣李鸿章因母丧请假）。张树声请示清政府，派水师提督丁汝昌带军舰三艘，吴

① 刘厚生：《张謇传记》，第 6 — 7 页，香港龙门书店，1965 年。

长庆率军六营东渡，平定朝鲜内乱，并防制日本。吴长庆令张謇筹划出发前的准备工作，张謇感到人手太少，提出让袁世凯帮忙。吴长庆即委任袁世凯执行前敌营务处之事。

8 月 25 日，吴长庆率军进抵汉城城外，与丁汝昌、道员马建忠密商了诱捕李昰应的计划。次日，将李昰应秘密押送天津。接着对兵变的参加者发起围攻，很快平息。李熙重新执政，实权又落到闵妃的手中。为安定朝鲜局势，清廷命吴长庆部继续驻扎汉城。

1884 年 5 月，清政府令已回直隶总督兼北洋大臣任的李鸿章加强东北边防。李鸿章奏调吴长庆率兵三营回国，驻防奉天（今辽宁省）金州。其余三营仍留驻汉城，命记名提督吴兆有统领，兼带一营；袁世凯总理营务处，会办朝鲜防务，同时兼带庆字副营；另一营由总兵张光前统带。吴长庆离开朝鲜以后，袁世凯“自结李相（鸿章），一切更革，露才扬己，颇有令公（吴长庆）难堪者”①。张謇无比恼怒,6 月 4 日，与在庆军主管钱物的三兄张詧和幕僚朱铭盘联名，给他写了一封长达数千言的信，列举了往日他对张謇的称谓，“老师、先生、某翁、某兄”，“愈变愈奇”等可笑之处，以及其他种种恶劣行为，责其忘恩负义。最后说：“愿司马（明清尊称府之同知为司马，此指袁世凯）息心静气，一月不出门，将前劝读之《呻吟语》《近思录》《格言联璧》诸书，字字细看，事事引镜，勿谓天下人皆愚，勿谓天下人皆弱，脚踏实

① 《啬翁自订年谱》,《张謇全集》第 6 卷，第 845 页，江苏古籍出版社，1994 年。

地，痛改前非，以副令叔祖、令堂叔及尊公之令名，以副筱公（吴长庆字筱轩）之知遇，则一切吉祥善事随其后矣。此讯不照平日称而称司马，司马自思何以至此？若果然复三年前之面目，自当仍率三年前之交情。气与词涌，不觉刺刺，听不听司马其自酌之。”[①] 这封信狠狠刺痛了袁世凯，但他不思悔改，与张謇绝交。

同年 12 月 4 日，以金玉均为首的朝鲜开化党人发动政变，劫持国王李熙。袁世凯与吴兆有、张光前带兵很快平定了政变。张謇得到消息，致函袁世凯的堂叔袁保龄（道员、在北洋帮办海防营务）说：“慰廷任事非不勇，治事非不勤，而时时杂以世故客气之习，故举动辄不胜有识之求，而其材固公家谢幼度（东晋名将谢玄字）也。方戍乱国，幸属慎之。”[②] 张謇虽然对袁世凯非常厌恶，但以为他是个人才，还是希望他能改正错误，故请袁保龄加以规劝。

1884 年吴长庆病故后，张謇离开庆军；1885 年考中举人，1894 年考中状元，授职翰林院修撰；不久其父亲病逝，请假回籍。目睹国事日非，他不愿为官，转而致力于实业和文化教育事业，陆续创办了一些工厂和学校，成为著名的实业家和教育家。

1898 年 9 月 21 日，慈禧太后发动政变，重新训政，下令逮捕康有为等人，命袁世凯护理北洋大臣。张謇得知，在日记中写

---

① 《与朱曼君、张詧致袁世凯函》，《张季子九录 · 文录》，卷11，第1—5页，中华书局，1931 年。

② 《致袁子玖观察》，《张季子九录 · 政闻录》卷 1，第 6 页。

道："是儿反侧能作贼，将祸天下，奈何！"[1]可见他对袁世凯叛卖维新志士的行为略有所闻，予以斥责。1900年义和团运动期间，他参与筹划两江总督刘坤一和湖广总督张之洞实行"东南互保"。此时袁世凯任山东巡抚，也参加了东南互保。在这一点上，他们的认识是相同的。

张謇具有强烈的爱国思想，不独倡导实业、教育救国，也主张改革政治，但思想较为保守。1904年日俄战争爆发，国内立宪思潮不断高涨，张謇也确立了君主立宪的思想，游说两江总督魏光焘、湖广总督张之洞奏请立宪，并代他们起草了一份奏稿。张之洞嘱其探询已升为直隶总督的袁世凯的态度，以决进止。

张謇自1884年与袁世凯绝交以后，二十年未通音问。恰在此时，收到周家禄来信述说袁世凯办理新政如何卖力，劝其捐弃前嫌。同时他也认为袁世凯身为疆吏之首，如能得其倡导，对推动立宪十分有利，乃从国家利益出发，于6月致其一函，请其赞助立宪。中言："公今揽天下重兵，肩天下重任，宜与国家有死生休戚之谊，顾亦知国家之危，非夫甲午（1894）、庚子（1900）以得比方乎？不变政体，枝枝节节之补救，无益也。不及此日俄全局未定之先，求变政体，而为揖让救焚之迂图，无及也。……日俄之胜负，立宪、专制之胜负也。今全球完全专制之国谁乎？一专制当众立宪，尚可幸乎？日本伊藤、板垣诸人共成宪法，巍然成尊主庇民之大绩，特命好耳。论公之才，岂必在彼诸人以下；即

[1] 《张謇日记》，戊戌八月十日。

下走（张自称）自问志气，亦不在诸人下也。”[1] 以日本明治维新时期的著名政治家伊藤博文、板垣退助相期许。袁世凯以为时机未到，答以尚须等待。张之洞、魏光焘知反对者尚多，未敢将折稿呈进。

1905 年，随着日俄战争日胜俄败和民族危机的加深，立宪的舆论愈益高涨。6 月，张謇再次致书袁世凯说：“万几决于公论，此对外之正锋，立宪之首要。上年公谓未至其时，亦自有识微之处。今外度日俄之前途，内揆徐刘之近效，针锋相值，似当其可矣。曩言万世在后，万史在前，今更为公进一说，日处高而危，宜准公理以求众辅，以百人辅不若千，千人辅不若万，万人不若亿与兆。自非有所见，不为公进此一言也。且公但执牛耳一呼，各省殆无不响应者，安上全下，不朽盛业，公独无意乎？及时不图，他人他日构此伟业，公不自惜乎？”[2] 从个人的安危荣辱下说辞打动袁世凯。此时立宪已成为大势所趋，袁世凯出于个人利益考虑，听从张謇的劝告，联合调为两江总督的周馥和鄂督张之洞电奏，请实行立宪政体，以十二年为期。

由于一些大臣奏请，同年 7 月 16 日，清廷决定派遣大臣出洋考察政治。张謇又致函袁世凯，并寄去有关宪政的书籍。袁世凯回信表示感谢，并说：“各国立宪之初，必有英绝领袖者作为学

---

① 沈志远：《袁世凯与张謇》，《古今半月刊》第 53 期，1944 年。

② 《为抵制美货事致袁直督函》，《张季子九录 · 政闻录》卷 3，第 9 页。

说，倡导国民。公夙学高才，义无多让，鄙人不敏，愿为前驱。”[①]赞扬了张謇推动立宪之功，并以立宪的倡导者和主持者自居。但9月24日出洋考察政治大臣在北京乘火车启行遇炸后，他马上将高调变为低调，“谓可有立宪之实，不可有立宪之名”[②]。张謇说他“觇候风色不决”[③]，模棱两可，实非妄言。

1906年8月考察政治大臣归国，一致奏请实行立宪。袁世凯又表现得空前积极和热心，奉命进京阅看考察政治大臣条陈的折件后，逢人就扬言：“有敢阻立宪者”，“即是革命党”！[④]对人大扣政治帽子，态度十分激昂。9月1日，朝廷发布了仿行宪政的上谕，国家由此进入预备立宪时期，即由封建专制政治向资产阶级民主政治过渡的新时期。张謇以为袁世凯对推动预备立宪功劳最大，特致其一函说：“自七月十三日（9月1日）朝廷宣布立宪之诏流闻海内外，公之功烈，昭然如揭日月而行。而十三日以前，与十三日以后，公之苦心毅力，如水之归壑，万折而必东，下走独心喻之。亿万年宗社之福，四百兆人民之命，繄公是赖”。“伟哉，足以伯仲大久保矣！吴武壮（吴长庆）有知，必为凌云一笑。而南坛汉城之间，下走昔日之窥公，固不足尽公之量也。”[⑤]此函不仅对1884年写信责备袁世凯的事作了检讨，而且还吹捧袁世凯

① 《督直朋僚函稿》，《袁世凯全集》第16卷，第547页。

② 《汪康年师友书札》1，第837页，上海古籍出版社，1986年。

③ 《啬翁自订年谱》，《张謇全集》第6卷，第867页。

④ 孙宝瑄：《忘山庐日记》下，第914页，上海古籍出版社，1983年。

⑤ 《为运动立宪致袁直督函》，《张謇全集》第1卷，第102－103页。

为日本明治维新时期的政治活动家大久保利通，说国家之福与全国人民之命唯他一人是赖，太夸张离谱了。

袁世凯回信谦逊了一番，而后说："天时人事相逼而来，得英绝领袖之才如执事者，鼓吹群伦，隐然为舆论之母，万流仰镜，喁喁向风，盖诸君子之热诚毅力使然，当轴者祇从而利导之，岂曰能贤。此后来日大难，百端待理，尚祈谠论嘉言，勤攻吾阙，是所愿闻。"[①] 亦对张謇进行吹捧。

通过以上几次联系，他们的关系恢复了正常。

1909 年 10 月 14 日，各省咨议局同时成立。张謇当选为江苏咨议局议长。1910 年，他领导发起了全国性的国会请愿运动。

1911 年 6 月 7 日下午，张謇由汉口进京，在河南彰德下车访问了罢官家居的袁世凯，这是他们分别二十余年后的第一次会面。袁世凯不明其来意，初见时谈吐闪烁，打了些官腔；后见其态度坦率，变得格外恭顺，对张謇说："有朝一日蒙皇上天恩，命世凯出山，我一切当遵从民意而行；也就是说，遵从您的意旨而行。但我要求您，必须在各方面，把我的诚意告诉他们，并且要求您同我合作。"[②] 乞求张謇帮助他活动出山。他们一直谈到午夜，张謇方才带着袁世凯赠送的礼物回到火车上。此次会见给张謇留下了良好印象，他在日记中写道：与其"道故论时，觉其意度视

---

① 《督直朋僚函稿》，《袁世凯全集》第 16 卷，第 551 页。

② 刘厚生：《张謇传记》，第 181—182 页。

二十八年前大进，远在碌碌诸公之上”[①]。

10月10日，革命党人发动武昌起义。内阁总理大臣奕劻和协理大臣那桐、徐世昌一起向摄政王载沣施加压力，请起用袁世凯。载沣先任命袁世凯为湖广总督，再授其为钦差大臣。11月1日又授其为内阁总理大臣，令其进京组阁。

由于中过状元，张謇在感情上始终不忍与清廷决裂。革命党人发动武昌起义的时候，他刚刚乘轮离开汉口东下，到安徽才听到了起义的消息。抵达南京的第二天，便去会见江宁将军铁良和两江总督张人骏，建议他们派兵增援武汉。然而，随着革命形势的迅速发展，他的思想也开始发生剧变。至11月上旬，他彻底抛弃了君主立宪的主张，站到了民主立宪一边。6日，致电袁世凯说："旬日以来，采听东西南十余省之舆论，大数趋于共和，以汉满蒙回藏组成合众，而国内响应者已见六省。潮流所趋，莫可如何。公之明哲，瞻言百里，愿征广义，益宏远谟，为神州大陆洗四等国最近之大羞，毋为立宪共和留第二次革命之种子。"[②] 劝其赞成共和。

11月14日，清廷为了消弭革命，简派张謇为江苏宣慰使。16日，袁世凯组织责任内阁，任其为农工商大臣。张謇闻命，立发长电辞职。

---

① 《张謇日记》，宣统三年五月十一日。

② 《九月十六日致彰德袁世凯电》，《辛亥革命在上海史料选辑》，第989页，上海人民出版社，1981年。

11月21日，咨议局改称省议会，张謇仍被推为议长。12月7日，清廷授袁世凯为与南方民军和谈的全权大臣。袁世凯即日委唐绍仪为总代表，南下和谈，并嘱其先晤张謇，探其意旨。唐绍仪到上海后会见张謇，代袁世凯致意，询问整个局面如何措理。并露出口风，“若推举袁世凯为总统，则清室退位，不成问题。”张謇回答说：所谓南北议和，乃是袁世凯与同盟会要人谈判，与江苏、浙江两省并无多大关系。因此，对于袁世凯无所要求。“我只能代表苏、浙两省人民贡献意见，而不能保证同盟会之必能听从。此事全仗你的手腕及能力如何。”[①]虽则如此，张謇认为袁世凯具有非凡的才干，掌握着北洋新军，非他不能统一全国，希望他做统一后的临时大总统。所以和谈开始以后，在暗中一直支持袁世凯，为其出谋划策。

1912年1月1日，中华民国临时政府在南京成立，孙中山就任大总统，请张謇担任实业总长。14日，唐绍仪探询如清帝退位后，推举袁世凯为总统有多大把握。孙中山作了肯定的答复。张謇闻知，致电袁世凯说：“甲日满退，乙日拥公，东南诸方，一切通过。昨由中山、少川（唐绍仪字）先后电达，兹距停战期止十余小时矣。南勋北怀未可得志，俄蒙英藏图我日彰。即公所处，亦日加危。久延不断，殊与公平昔不类，窃所不解。愿公奋其英略，旦夕之间戡定大局，为人民无疆之休，亦即为公身名俱泰，

① 刘厚生：《张謇传记》，第194页。

无穷之利。”[1]促使其痛下决心，不要错过时机。袁世凯得到当总统的保证，开始加紧逼宫活动。

2月12日，隆裕太后以宣统名义颁发清帝退位诏书。此诏由张謇起草，袁世凯发布时作了修改。同日，张謇辞去南京临时政府实业总长。

13日，孙中山向南京临时参议院辞职。次日，参议院一致选举袁世凯为临时大总统，电告其到南京就职。袁世凯不愿南下，致电唐绍仪、伍廷芳和张謇，请他们仍让孙中山当大总统。张謇回电劝其不要推辞。但袁世凯还是不愿南下。张謇为其出主意说：“目前第一难题，即要公南来。解此题者只有二法：一从在京外交团着手，一从北数省人民着手。飞钳捭阖，在少川心知其意而妙用之，若不着一毫痕迹，使不欲南之意，不出于公，当可有效。”[2]隔了几天，袁世凯指令曹锟发动兵变，参议院只得让步，允许袁世凯在北京就职。

关于组织责任内阁，袁世凯拟任张謇为实业总长，发电相招。张謇以为猜忌他的人很多，如果刚辞去南京临时政府的总长，马上又任袁世凯政府的总长，势必引起误会，“浅见者必以为有轻重向背于其间，而无识者且可造为种种荒诞离奇之语”[3]。既不愿以此连累袁世凯，也不想因此有损于自己的声誉。总之，尚未至可

---

① 《劝告袁内阁速决大计电》，《张季子九录·政闻录》，卷4，第1页。

② 《为时局致袁总统函》，《张謇全集》第1卷，第242页。

③ 《为时局致袁总统函》，《张謇全集》第1卷，第242页。

以效力之期，不能应命。遂将这层意思向袁世凯说明，袁世凯未再勉强。

在人事方面，张謇向袁世凯建议：为大局着想，除军队以外，不要把过去信用的人尽置左右，要用各派的人，以示大公；组阁时段祺瑞任陆军总长，黄兴任副总长，财政总长用熊希龄，实业总长用周学熙，梁启超若回国，亦可用。袁世凯采纳了用段祺瑞和熊希龄的意见。

1913 年 3 月 20 日，国民党代理理事长宋教仁在上海遇刺，22 日去世。孙中山欲发动“二次革命”，兴师讨伐袁世凯；黄兴等不赞成，最后议定在上海组织特别法庭，进行审判。张謇与黄兴交谈后，电劝袁世凯：对于宋案，只能“以光明中正之概处之”。洪述祖是宋案的中心人物，万无不归案之理；国务总理赵秉钧涉嫌，亦应解职受审。如此，才能使四海之人皆知你“坦然明白，则万疑尽释”。黄兴深虑袒护他们，法庭在沪特别组织很有必要，此亦表示光明的一个办法。“国势已处万险，不可再冒险。”[①]

以后，一些激进的国民党人扬言要打倒袁世凯，袁世凯亦准备以武力消灭国民党，局势越来越紧张。国民党的某些上层人物仍想通过和平途径解决问题，汪精卫提出三条解决办法：一、举袁世凯为正式总统；二、袁世凯在临时期内不撤换都督；三、宋教仁案将来罪至洪述祖、应桂馨，不再往上追究。黄兴、蔡元培等均无异议。汪精卫即请赵凤昌等转托张謇出面调和。张謇认为

① 《致袁世凯函》,《张謇全集》第 1 卷，第 252 页。

"总统既不成问题，则枝叶之问题解决较易"，愿意充当调停人，6月12日致函袁世凯，告以汪精卫提出的三条办法，请其接受。[1]袁世凯复电说："倘伟人（指孙中山、黄兴）果肯真心息兵，我又何求不得！如佯谋下台，实则猛进，人非至愚，谁肯受此？"[2]张謇见此电要旨在"佯谋下台，实则猛进"二语，当即转告赵凤昌，切实询问汪精卫、蔡元培。赵凤昌答复说：蔡元培云"佯谋下台，实则猛进"二语，定可无虑。张謇又电达袁世凯。袁世凯复电赞扬了他的调和苦心。[3]

然而，孙中山还是发动了"二次革命"，不到两个月，即被平定。

接着，袁世凯决计改组内阁。最初，他想让徐世昌出任总理。徐世昌不干，他又敦请张謇。张謇知道诸事棘手，婉辞不就。袁世凯则纠缠不放，张謇推荐熊希龄自代。9月11日，熊希龄"第一流人才内阁"组成，张謇任工商总长（12月工商部与农林部合并为农商部）。

11月4日，袁世凯下令解散国民党，取消国民党籍的国会议员资格。7日，张謇到总统府，与袁世凯商讨维持国会的办法。袁世凯说已电各省速集候补议员。

12月，张謇兼任全国水利局总裁。

---

① 《致袁世凯函》，《张謇全集》第1卷，第257—258页。

② 《二次革命史料》，第41页，台北，1968年。

③ 《袁世凯至张謇电》，《张謇全集》第1卷，第262页。

1914年2月12日，内阁总理熊希龄辞职。张謇“因多年经手实业关系，暂时尚未能摆脱”[①]，没有与熊希龄同进退。11月20日，张謇呈请辞去农商总长，袁世凯未准。

1915年1月1日，袁世凯授张謇中卿衔。

4月21日，张謇再次呈请辞去总长。袁世凯批准，又任命他为参政院参政。

8月14日，杨度等发表组织筹安会宣言，举国惶恐。张謇眼见帝制将要实行，请假南下。走前，总觉得与袁世凯有多年的交情，若是知而不言，言而不尽，对不住朋友，于是前去辞行。以非常恳挚的态度，陈是非，说利害，反复讲了两个小时。总的来说，就是劝他“做中国第一人的华盛顿，不要效法法国上断头台的路易。他一味不承认，并且说他自己怎样也不愿意做皇帝，可是美国人古德诺的共和政体不适宜于中国的提议，却有讨论的价值。将来或者让朱明（朱元璋建立的明朝）的后裔出来做皇帝，浙江的朱瑞也可以的。”张謇和他开了个玩笑，说：“朱瑞可以做，难道唱戏的朱素云不可做吗？”[②]

11月，张謇再辞水利局总裁，未得允许。

12月，袁世凯承认帝位，将张謇列入故人，并以其为“嵩山四友”之一，受到不臣优待。张謇得到消息，致电政事堂代呈辞水利局总裁。

---

① 张国淦：《中华民国内阁篇》，《北洋军阀史料选辑》上，第194页。

② 张孝若：《南通张季直先生传记》，第213页。

25 日，蔡锷等宣布云南独立，通电讨伐袁世凯叛国称帝。袁世凯谋求帝位更急，31 日申令改元，以明年为洪宪元年。1916 年 1 月 1 日，张謇得知改元，斥责袁世凯“叛迹益露矣”[①]。

云南护国军北伐取得胜利，贵州和广西又相继宣布独立。3 月 22 日，袁世凯被迫撤销帝制，仍当总统，任命徐世昌为国务卿。但徐世昌见袁世凯与护国军所提的条件南辕北辙，极其为难，致函张謇，劝其北上。袁世凯亦电请他马上来京“赶筹善后”[②]。张謇考虑了很久,4 月 13 日写了一封长函答复徐世昌。其中写道：“自帝制告成，而洹上（指袁世凯）之信用落；帝制取消，而洹上之威望坠。无威无信，凭何自立？”“今取消帝制之申令，已自承为有罪，而人民之感想愈恶。”信中分析了当前的形势和利害，指出：为国家计，为人民计，为袁世凯计，办法只有一个，就是立即退位。如果能够做到这一点，尚“不失为日月更食之君子，次不失为与时屈伸之英雄”。[③] 敦促袁世凯赶快下台。

当初在朝鲜时，张謇就看出袁世凯是个实干家，是个人才，后来一直如此。所以为了国家前途，他与袁世凯捐弃前嫌，拥护袁世凯做总统，与其合作。不过，他的拥护与合作是有条件的，即袁世凯赞成共和制度。对袁世凯的恶劣品质他在离开朝鲜后即有所发觉，写信斥责一通。及至袁世凯背叛民国，帝制自为，取

---

① 《啬翁自订年谱》,《张謇全集》第 6 卷，第 885 页。

② 《致张謇汪大燮电》,《袁世凯全集》第 35 卷，第 137 页。

③ 《劝告袁氏退休致徐菊人函》,《张謇全集》第 1 卷，第 349 — 352 页。

消帝制又自居总统，他才彻底看清袁世凯的真实面目。袁世凯死后，他致函黄兴说："袁氏失德，亡也忽焉。彼其罪过，已随生命俱尽，所留于吾人以最真确之发明者，则权术不可以为国，专欲必至于亡身。深愿吾党之士，引为大鉴。"[①] 可是，他对袁世凯多少也有些同情，以为是受"群小"所害。6月6日得知袁世凯去世，他在日记中写道："三十年更事之才，三千年未有之会，可以成第一流人，而卒败于群小之手。谓天之训迪吾民乎，抑人之自为而已。"[②] 次日，又致电袁世凯长子袁克定说："回溯旧谊，三十五年，哀悼之情，宁同伦辈。推前总统致病之由，不能无恨于群小。惟愿世兄此后，勉敦善行，以礼治丧，以义教弟，贻亲令名而已。"[③] 表达了他对袁世凯的友情。

① 《促黄克强返国函》，《张謇全集》第1卷，第353页。

② 《张謇日记》，丙辰五月六日。

③ 《致袁克定电》，《张謇全集》第1卷，第339页。

李鸿章：拔擢之恩

李鸿章字少荃，安徽合肥人。进士出身。1861 年奉曾国藩之命编练淮军，与太平军作战。1870 年任直隶总督兼北洋大臣，成为洋务派的首领。后又授为大学士，仍留直隶总督任。

早在袁世凯投入庆军之前，李鸿章与其家族的关系就非常密切。1853 年，他与袁世凯的二叔祖袁甲三都跟随侍郎吕贤基在安徽办团练，对袁甲三以忠义激劝士兵等表现非常钦佩，在其去世后又题请准其入淮安府、山阳县两处名宦祠。1868 年他率军在直隶剿灭捻军，任主动到军营效力的袁世凯的堂叔袁保恒（袁甲三长子）为翼长，与其共同作战，剿灭了捻军。1881 年，他又奏调袁世凯的堂叔袁保龄（道员，保恒之弟）到北洋办理海防营务。

1882 年 7 月朝鲜发生兵变时，李鸿章因母亲去世在家守制。署理直隶总督兼北洋大臣张树声听说日本将出兵朝鲜，马上奏派水师提督丁汝昌带军舰三艘，吴长庆率庆军六营东渡，前去平定朝鲜内乱，并防制日本。吴长庆委袁世凯执行前敌营务处事。庆军抵达汉城后，吴长庆和丁汝昌等设计诱捕了朝鲜国王李熙的父亲大院君李昰应，将其押送到天津（后软禁于保定）。接着向参加兵变的人发起围攻，很快平定。不久李鸿章回到直隶总督兼北洋大臣任，10 月 10 日奏保援护朝鲜出力人员，称袁世凯“治军严肃，剿抚应机”，请以同知补用，并赏戴花翎。[①]

为安定朝鲜局势，吴长庆奉命率部继续驻扎汉城。1884 年 5 月，李鸿章奏调吴长庆率兵三营回国，其余三营仍留汉城，任命记名提督吴兆有为留汉城三营的统领，袁世凯为总理营务处，会办朝鲜防务，并统带庆字副营，另一营由总兵张光前统带。12 月 4 日晚上，以金玉均等为首的朝鲜开化党人在日本的支持下发动政变，劫持了国王李熙。次日杀害六位朝鲜大臣，重组政府，并准备废掉李熙，另立幼主。袁世凯同吴兆有、张光前致书李熙，要求入宫护卫，没有得到亲日派的允许。那时汉城与天津之间尚无电报相通，袁世凯急忙派人到旅顺送信给堂叔袁保龄，请其电告李鸿章，速派大军增援。第三天，形势异常危急，袁世凯果断地决定，率兵进宫，救出国王。并说服吴兆有、张光前，分路向王宫进发。日军竟然开枪射击。袁世凯立令还击，打得日军节节败退。战至傍晚，日本驻朝公使竹添进一郎感到大势已去，率领日军退出王宫，接着出走仁川，金玉均等人跟着逃往日本，政变以失败告终。

袁世凯在这次事变中成为胜利者，决定牢牢抓住这个千载难

---

① 故宫博物院编：《清光绪朝中日交涉史料》卷 4，第 25 页，1932 年。

逢的大好时机，加紧控制朝鲜，再爬高一步。12 月 15 日，他上书李鸿章，建议说："此时为朝鲜计，或战或和，在中国不难即了；然泰西方盛，不数年必又有异谋，则中国尤难防御。莫如趁此民心尚知感服中朝，即特派大员，设立监国，统率重兵，内治外交，均代为理，则此机不可失也。"[①] 谁来充当监国大员？他没有说明，自我推销之意自在不言之中。李鸿章认为日本与朝鲜立约之初，即写明朝鲜为自主独立之国，明系不让他人干预。若是突然派员监国，不要说朝鲜君臣观望反侧，难以操纵，日本必然首先决裂，嗾使各国联合阻挠，那时将陷于进退维谷之境。加以中法战争正在进行，他不愿与日本失和，没有采纳。

从清廷的立场出发，袁世凯在政变时所采取的军事行动无疑是正确的，本应受到奖赏。可是，他在平定政变后，不经请示即挪用军饷，抚恤被亲日派杀害的朝鲜大臣的家属，要求将这笔款项作为正当开支报销。李鸿章予以严厉申斥："纯以银钱买结韩人之心，实属荒谬！"不准所请，并札饬吴兆有责令其赔偿。[②] 吴兆有等人也与他闹翻，直气得他大叫"官运恶极"！

这时日本政府又致函清廷，反咬一口，指控袁世凯妄启衅端，声称此次中日冲突，日本并无过错。清廷命李鸿章与会办北洋事宜的吴大澂负责处理，不得与日本开衅。

---

① 《清光绪朝中日交涉史料》卷 6，第 19 页。

② 王伯恭：《蜷庐随笔》，见中国史学会主编：《中日战争》2，第 310 页，上海书店出版社，2000 年。

这一系列事情均使袁世凯极为愤慨而又心灰意冷。适接母亲病重的来信，便以母病为名，向已到汉城的吴大澂请假回国。1885年3月中旬，袁世凯与吴大澂一起返回天津。吴大澂认为袁世凯劳苦功高，会见李鸿章时，盛称他有“奇才”。

李鸿章召见了袁世凯，询问对处理朝鲜问题有何建议。袁世凯认为，李熙昏愦糊涂，见异思迁，最易受人煽惑，若不派大员驻扎汉城监督，日久必为日本和俄国所愚，背叛中国而闹独立；中国驻朝商务委员所办之事不止商务，但不能代表国家，与各国驻朝公使名分相去甚远，极受轻视，遇有外交，进退皆难，宜增加商务委员的权限；李熙之父大院君李昰应智谋才略远胜李熙，颇为国人所尊敬，而且深明大义，宜赦其归国，使其父子同心协力，对于朝鲜必有裨益。李鸿章颇为欣赏，令其仍回朝鲜供职。

袁世凯因母亲病重，痛哭流涕，坚持请假省亲。李鸿章见状，知其是个孝子，骂道：“王八肚中一根枪，归（归、龟同音）心似箭。”[①]（李鸿章骂谁，即表示喜欢谁）准其回籍。

继而日本伊藤博文一行来华解决中日军队在朝鲜的冲突和撤兵问题，李鸿章与其谈判。4月，签订了《天津条约》，规定两国同时从朝鲜撤兵；两国均不派员教练朝鲜军队；今后朝鲜如有变乱等重大事件，派兵去朝鲜要互相照会，事定即撤，不再留防。这个条约为以后日本出兵朝鲜埋下了伏机。伊藤博文还提出要惩办袁世凯，为李鸿章拒绝。

① 王锡彤：《抑斋自述》，第151页，河南大学出版社，2001年。

朝鲜国王李熙愚懦昏庸，实权操在闵妃手中。这时闵妃集团又倾向依赖俄国，想求俄国保护与教练军队。针对这一情势，李鸿章考虑到李昰应在 1882 年兵变时本无大罪，将其软禁于保定，乃是出于一时权宜之计。放其回去，不令干预国政，不致发生内乱，利用其声势影响，可以抵制闵妃集团依赖俄国的倾向，加强对朝鲜的控制，觉得袁世凯提出的释放李昰应回国之事可行。同时认为袁世凯有应变之才，又与朝鲜官员金允植、鱼允中等相熟，两边均可调停，是护送李昰应的最佳人选，打算令其执行这一任务。继而把李昰应接到天津，进行了一番交谈之后，决定以袁世凯接替驻朝商务委员陈树棠。一面催促袁世凯速回天津，一面报告清廷。

对于护送李昰应回国的办法，李鸿章开始担心闵妃集团抵制抗拒，准备派提督丁汝昌等率陆海军保护。后来考虑如此似有过于炫耀武力之嫌，闵妃集团反而可能产生恐惧，铤而走险，横生异议；由袁世凯伴送，其才必能措置裕如，无须派兵同行。所以，8 月下旬袁世凯一到天津，李鸿章即诙谐地对他说："今如演戏，台已成，客已请，专待汝登场矣。"袁世凯请派高级军官带兵同往。李鸿章又开玩笑似的说："韩人闻袁大将军至，欢声雷动，谁敢抗拒？原议诸员悉无所用，兵亦不须遣，只许汝带水师小队数十登岸，作导引足矣。"[①]

袁世凯护送李昰应到达汉城之后，费尽唇舌，对闵妃与李昰

① 沈祖宪、吴闿生：《容庵弟子记》卷 1，第 18 页。

应之间的矛盾作了排解调处，又向官员们了解情况，当面规劝李熙不要亲近俄国。逗留数日，回津复命。李鸿章听完汇报，对其更为器重。袁世凯得知李鸿章将专折保其为三品衔知府，出使朝鲜，感到自己才二十多岁，尚未中举，就“名扬中外，大臣推重，九重垂青”①，极为得意兴奋。

10月28日，李鸿章上折奏请派袁世凯接替驻朝商务委员陈树棠的职务。内称：袁世凯“胆略兼优，能知大体，前随吴长庆带兵东渡，久驻王京，壬午（1882）、甲申（1884）两次定乱，情形最为熟悉，朝鲜新旧党人，咸相敬重”。“若令前往接办，当能措置裕如。惟陈树棠赴朝之时，尚属商务初开；今则口岸渐增，贸易日盛，各国公使麇集汉城，相机因应，尤赖该员从旁赞画。似宜优其事权，作为驻扎朝鲜总理交涉通商事宜，略示与闻外交之意”。在附件中又说，“朝王外虽感德，内则趋向不专，阴有择强自庇之意”。“袁世凯足智多谋，与朝鲜外署廷臣素能联络，遇事冀可挽回匡正。今乘朝王函请，正可迎机而导，令其设法默为转移。该员带队两次戡定朝乱，厥功甚伟。”拟请以知府分发，俟补缺后以道员升用，并请赏加三品衔。②奉旨批准。

1885年11月15日，袁世凯接任新职驻扎朝鲜总理交涉通商事宜（也称总理交涉通商大臣），并带有李鸿章致李熙的一封至要密函。该函称：袁世凯“忠亮明敏，心地诚笃，两次带队扶危

① 北洋军阀史料编委会编：《北洋军阀史料》卷1，第114页，天津古籍出版社，1992年。
② 《清光绪朝中日交涉史料》卷9，第13－14页。

定倾，为贵邦人所信重，鄙人亦深契许。殿下欲留为将伯之助，鸿章已据情奏闻，奉旨令驻扎汉城，襄助一切。以后贵国内治外交紧要事宜，望随时开诚布公，与之商榷，必于大局有裨”[①]。所谓“商榷”，就是请示。李熙也以袁世凯系北洋承军机处之命而差委，身份与以前不同，予以另眼相看。

过去，清王朝对朝鲜虽有宗主之名，但仅以正朔（一年的第一天，后指帝王新颁的历法）朝贡为大端而已，并不同于近代资本主义国家同殖民地的关系，内治外交，朝鲜均得自主，清王朝从未采取积极干涉的政策。袁世凯不但把自己当作“上国”派出的公使看待，甚至以为驻扎属邦，有扶持一国之权，地位或许逊于各公使，而其权力尚在公使之上。一到汉城，就狐假虎威，对朝鲜的事务指手画脚，横加干涉。

朝鲜官员中有相当一部分人受到民族主义思潮的影响，不愿承认为中国的属邦，要求独立自主，袁世凯颐指气使的态度更使他们反感，有的人直接向他当面质问。袁世凯闻言大怒，摆出监国大员和太上皇的架势，声言此来正是为了正名定分，朝鲜是中国的属邦，永远不能改变。

闵妃集团同李昰应水火不容，对中国护送李昰应回国恨之入骨；国王李熙正以三千里河山臣服于中国为耻，受到一帮人蛊惑挑拨，背离中国之心更切，亲华派的大臣不是被削职，就是被疏远。袁世凯的劝告干预越多，其反感厌恶越大。洋人看到袁世凯

① 《复朝鲜国王》,《中日战争》2，第 50 — 51 页。

晋见国王的礼节与各国公使不同，对朝鲜之事横加干涉，均极为仇视，散布种种流言蜚语，百般攻击。袁世凯身处群疑众谤之地，感到无比难堪，心中万分痛苦，电告李鸿章诉说，请求授予机宜。李鸿章指示：若辈虽心存刻忌，谅不敢非礼相加，仍须随时规导，相机补救，以裨大局。

1886年8月，闵妃的侄儿闵泳翊密告袁世凯，朝鲜政府秘密致函俄国驻朝公使韦贝，请求俄国保护，企图实现完全独立自主。

袁世凯"以为大局攸关，背义为恨"[①]，一时心血来潮，立电李鸿章，提出应该废黜李熙，另立新君："以凯管见，韩纵送文于俄，俄兵未能速来。不如待其引俄张露，华先派水师，稍载陆兵，奉旨东渡，废此昏君，另立李氏之贤者；次以数千兵继渡。俄见华兵先入，韩易新君，或可息事。且此时人心瓦解，各国怨谤，如明降谕旨，再由宪（指李鸿章）授谕李昰应相助，三五日可定，尚不难办。如待俄兵先入，恐华难措手。"[②]

李鸿章对于朝鲜求俄保护之事将信将疑，极为慎重，对他的意见未加理会。

为打消朝鲜依赖俄国的倾向，袁世凯立逼朝鲜交出求俄保护文件，并以天朝兴师问罪进行威胁。朝鲜政府声明不知此事，韦贝也不承认收到文件。袁世凯又致电李鸿章，要求速派大员率兵查办，声言：此时朝鲜臣民交哄，举国鼓沸，如有五百兵，必可

① 《袁世凯驻节朝鲜期间函牍选辑》（下），《历史档案》1992年第4期。

② 《袁道来电》，《中日战争》2，第102页。

废掉国王，擒拿群小，押解天津审讯。正在他加紧催索文件时，朝鲜政府正式照会声明，求俄保护之事属于虚妄。他不敢再耍蛮横，将照会禀报李鸿章。

清廷对于此事非常重视，令李鸿章妥善办好，调兵预防俄国。李鸿章当即做了军事部署。他虽然认为朝鲜政府此举碍难迁就，不诛乱党、不废李熙无法挽回局势，但又顾虑突然派兵强行废立，会引起各国责难；况且北洋兵舰不足，军饷艰窘，不敢冒昧从事。遂命知府陈允颐以查看电线为名，到汉城调查情况。陈允颐与袁世凯等交谈后，返津复命。李鸿章得知李昰应无力诛除群小，朝鲜政府又来文辩诬，闵泳翊出逃，无人做证，一切全部落空，根本无法查办。在信中怒斥袁世凯："何从查办？汝须镇静勿扰！"[①]

后来袁世凯迫使朝鲜外署照会各国，声明有人假造国宝，欺骗外国，各国如收到无外署印押的信函，均作为废纸。李鸿章以为这个办法尚属周密，只好暂时了结，于是这一桩扑朔迷离的事件便稀里糊涂地不了了之。总署（总理各国事务衙门的简称，又简称总理衙门）觉得袁世凯办事太过轻躁，要李鸿章"预备通品"，以便取代。李鸿章为袁世凯说了些好话，仍然主张任用。

经过反思，袁世凯十分懊悔事情初起时过于鲁莽，语言过激，动止张皇，躁妄轻率，向李鸿章作了检讨。为了避免李鸿章受到连累，他还禀请另派他人接替其职。李鸿章未允其请。袁世凯又感谢其教诲谆切，成全终始。表示此后当谨遵教诲，平日究心学

---

① 《寄烟台泰安轮船送朝鲜袁道》，《中日战争》2，第121页。

问，遇事即思平心静气，以报大恩。

1887年8月，李熙决定派遣全权大臣朴定阳出使美国，沈相学出使英、德、俄、意、法等国（后改派赵臣熙），以表示独立自主。

袁世凯得知，立电李鸿章报告。李鸿章鉴于李熙疑忌袁世凯太甚，令其装作不知，切勿轻躁生事。

过了几日，袁世凯以为朝鲜擅自遣使出国，有碍中国体面，朝鲜欲表示自主于天下，中国就应当表示属邦不得与中国平行于各国。向李鸿章建议，朝鲜使臣与中国驻外使臣公事交涉，必须用呈文，往来用衔帖，中国使臣用札笔照会，以符旧制。李鸿章与总署均认为可以，命其照会朝鲜遵办。袁世凯认为，朝鲜的交涉大端，一向与北洋大臣先行商量。为了阻止朝鲜派使臣出国，又建议李鸿章责问朝鲜政府何以不事先协商。清廷也认为中国已允朝鲜与各国通商，应同意派遣使臣，但必须先行请示，方合体制。

李熙不听，密令使臣离开汉城。

袁世凯闻悉，勃然大怒，逼迫朝鲜政府将人追回，同时派人带着奏咨到北京请示并谢罪。李熙被迫执行。袁世凯觉得如此还不足以压制朝鲜君臣的独立念头，又请李鸿章与总署电询各国政府，是否请朝鲜派遣使臣，如果未请，即降旨罢斥。总署以为，既然朝鲜与各国订立的条约中规定互派使臣，安能请旨罢斥？朝鲜此举，患在不自量力，却系照约行事，未便强行阻止，只能嘱其遵守属邦体制，请李鸿章拟定办法三条，令朝鲜遵办。三条办法的首条，就是朝鲜使臣至某国后，先谒见中国驻该国使臣，然后由中国使臣带同赴该国外交部。

但朴定阳到达美国以后，并未执行。

袁世凯百端压制朝鲜政府，非但没有巩固宗藩关系，反而大大伤害了朝鲜官员的自尊心，引起宫廷不安，严重损害了中朝关系，在朝鲜成为邪恶的象征。他感到前景大大不妙，1888 年 8 月，在将要三年任满之际，禀请李鸿章派员替换。

李鸿章咨报总署说：袁世凯素有血性，驻韩三载，能任劳怨。惟少年气锐，初到时有涉于疏略及过当之处。经一再告诫，近来历练较深，尚能慎重自持。他久为朝鲜士民信服，随时纠正李熙，补救颇多，因此遭到李熙和西方各国人员的畏忌。他在朝鲜的日子并不好过，再三审度，不便一意坚留，只是代替人一时竟难其选。总署答复说：袁世凯在韩多年，阅历已久，宜加以勉励，仍令接办；如不便久留，替人实难其选，只可从缓更替。11 月初，李鸿章接到李熙的咨文，说袁世凯“驻东既久，终难相济”，亟望另派人员前来替任，以维时局。总署也接到同样的咨文，告知李鸿章：此事关系颇重，未便徇李熙之请。李鸿章认为李熙专信小人用事，阴谋自主，日渐恣肆，请撤袁世凯乃是藉此要挟。若是另“派模棱谐俗之人，必致同流合污，有失上国体统。”朝鲜之事操纵两难，更难得妥慎可靠之人。令袁世凯连任，必可牵制李熙和小人，有裨于大局，驳回了李熙的请求。[1]

袁世凯以为自己来自“上国”，驻扎属邦，不算外国人，不应自居于公使之列。遇有各国公使、总领事会议，概不出席，仅派翻译参加，以示与众有别。这种态度引起各国公使、总领事的普遍愤恨。

1889 年 3 月，清政府驻俄国公使洪钧致函李鸿章说：俄国外务部大臣对他说，袁世凯性情急躁，办事过火，殊欠和平，与朝鲜官员及各国公使很不和睦。朝鲜国王每做一事，袁世凯即疑他国怂恿，与俄国公使亦甚不和，似非所宜。李鸿章立即致电袁世凯，训斥道：“所言汝毛病甚是，要痛改。”袁世凯虽然辩解了一番，最后还是表示要改正自己的毛病。[2]

7 月，美国驻北京公使照会总署，询问袁世凯究竟是何官职，加以刁难。总署难以措辞，请李鸿章答复。李鸿章以为驻朝各国公使与总领事大都暗助李熙，中国人参加会议，向背两难。此事有关国体大局，若不讲清楚，不独袁世凯为他们所轻视，处处掣肘，就是以后派人接替，也会有种种麻烦。于是答复说：中国派员驻扎属邦，与出使其他国家的名目不同，而其权利实与各国公使权位相等，遇事均得平等往来，朝鲜固然不得慢待，驻朝各国大臣亦不得轻视。至于是否参加公使、领事会议，应听其自行酌办，美国不必过问。经过如此处理，才堵住了洋人的嘴巴。

---

① 《议留袁世凯驻韩》，《中日战争》2，第 82 页。

② 《寄朝鲜袁道》，《中日战争》2，第 134 页。

同年 11 月，朝鲜政府又让驻天津的陪臣金明圭面谒李鸿章，要求撤换袁世凯。说袁世凯与朝鲜宫廷“表里隔膜，乃抵牾而不相入，甚有损于大局”。李鸿章严厉斥道：“袁总理前有保护东土之功，是以奏派驻东。其心志忠实，办事勤慎，始终无二。”“国王咨请撤换，尤属荒唐！群小附和倾挤，不明大体。汝胆敢来作说客，小人之流也！”[①]

1890 年 2 月，李鸿章考核赴朝人员，择优奖叙，认为李熙妄想朝鲜自主，又有外国人挑拨，袁世凯日处危险之地，犹能不避嫌怨，不畏艰险，相机因应，措置合宜。给他写了“血性忠诚，才识英敏，力持大局，独为其难”的评语，奏请免补知府，以道员分省，归候补班尽先补用，并赏加二品衔，以示鼓励。[②] 奉旨允准。

袁世凯见不能驾驭朝鲜局势，苦恼无比，加以身体有病，仍请派人代替，并致电其三兄袁世廉谒见李鸿章求情。李鸿章对待袁世廉如同家人父子。电告袁世凯：在京与军机大臣等筹议数次，暂时找不到可以代替之人。上边皆知道你熟习情形，操纵得宜，已达天听，好自为之，不要躁急。袁世凯回电表示感恩戴德，不敢再渎请。

1891 年 10 月，袁世凯接到母亲病重的电报，请假回家。12 月下旬其母病逝，立即电禀李鸿章销去差使，在家守制。李鸿章

① 《与朝鲜驻津陪臣金明圭问答节略》，《中日战争》2，第 94、96 页。

② 《北洋军阀史料》卷 1，第 285 页。

与总署电商，以朝鲜事务关系紧要，一时实无妥员可派接替，奏请赏假百日，令其假满即行回差。

1892 年 4 月 26 日，袁世凯抵达天津。李鸿章安慰一番，指示其防备李熙的自主之念不能操之过急，否则适得其反；要注意联络朝鲜百官，为我所用；如果朝鲜无事，朝廷便无东顾之忧，务必将朝鲜的事情办好。袁世凯诚惶诚恐地表示，即使肝脑涂地，也要竭力图维，报答朝廷的知遇之恩。

同年 8 月，袁世凯第二次任期将到，例应叙保。李鸿章认为，袁世凯初到朝鲜办理通商交涉事宜，正值俄国和日本阴谋侵占朝鲜，国王李熙又惑于自主之说，群小乘机煽惑，与洋人勾结，变诈迭起。袁世凯先正藩属之名，复筹外交之法，凡体制所系，利害所关，或先事预筹，或当机立应，或事后补救，无不洞中窾要。群小屡图倾陷，袁世凯不为所动，调停异党，联络各国公使，设法防护，卒令其无隙可乘，苦心毅力，尤为卓绝。朝鲜之事，他纤细必报，对于控制藩服和东方全局关系甚大。他从事海外，不避艰险，独为其难，实非寻常的劳绩可比。“近日察其器识，尤能深沉细密，历练和平，洵属体用兼备，置之交涉繁剧之区，必能胜任”。特地奏保他以海关道存记擢用。[①] 袁世凯见其对自己的评价极高，即使自己写也写不了那么好，感动不已。

1893 年 5 月，李鸿章电告袁世凯，准备奏请授其浙江温处道的实缺。袁世凯以为丧服未除，不宜担任实缺；不熟悉民情吏治

---

① 《清季中日韩关系史料》第 5 卷，第 3007 页，台北，1972 年。

及官场仪制，到人生地疏的地方，尤非所宜。复电恳请先开去现缺，待服满后再说。同时他深知只有在极其赏识自己的李鸿章手下，才能更迅速地晋升，提出希望留在近处，以便时聆教诲，并可策应朝鲜之事。李鸿章以朝鲜之事未便骤易生手，又奏准先简授袁世凯温处道，仍留朝鲜，待第三次任满再看情形饬赴本任。因此，袁世凯仍旧留在朝鲜。

1894 年 4 月，朝鲜的东学党起义，5 月 31 日攻克全州，声势浩大。6 月 1 日，朝鲜政府派人向袁世凯乞求出兵助剿。

袁世凯立即电禀李鸿章，说朝鲜归中国保护，请求代为戡平内乱，自为“上国”的体面。如果不允，其他国家必然有乐于为之者，届时将置中国于何地？绝对不可推却。中日签订的《天津条约》并无中国出兵、日本也出兵的明文规定，加上朝鲜与各国的反对，日本肯定不会出兵。在此之前，李鸿章担心中国出兵会引起日本出兵，主张持慎重态度；接到袁世凯此电，他的疑虑解除了，决定待朝鲜请兵呈文到后，即派兵赴朝。

然而，事情远不如袁世凯想象的那样简单。6 月 6 日，中国通知日本出兵。7 日，日本答复，不承认朝鲜为中国属邦，并告知日军也开赴朝鲜。接着大批日军开进朝鲜。9 日，朝鲜官员迎阻日本驻朝公使大鸟圭介率海军陆战队四百余名回任，遭到拒绝。袁世凯开始感到问题严重了，致电李鸿章说：“倭来甚锐，似非有得，不肯遽去。”[1]

---

① 《清光绪朝中日交涉史料》卷 13，第 12 页。

东学党起义最后溃散。清政府以乱事已平，要求中日同时撤兵。日本政府不理。袁世凯对事态的严重性有了进一步认识，18日连电李鸿章请求增兵。但李鸿章期待外国调和，未再增兵。日本并不因此停止进军，反而加剧中日冲突。朝鲜政府不知所措，急找袁世凯商议。袁世凯急电李鸿章请示。李鸿章也束手无策，只有令其劝告李熙坚持。

袁世凯挽回颓势的一切努力均告失败。见形势险恶，又听说大鸟圭介要派兵押送他出境，29日给李鸿章连发二电，请求回国，令唐绍仪代理。

7月1日，李鸿章电复袁世凯：朝鲜尚未承认不是中国属邦，应留下密劝朝鲜坚持；俄国公使已经答应出面调处，必有收场。“倭允不先与华开衅，岂能拘送使臣？要坚贞，勿怯退！”[①]形势一天紧似一天，袁世凯越发恐惧，急于脱离险境，5日连发两电，继续请求速回国内。李鸿章鉴于以唐绍仪代理与下旗回国有异，请示可否允许袁世凯所请。清廷命其暂勿调回，以便留下常通消息。8日以后，形势更加险恶。袁世凯生了病，急忙连发数电，声泪俱下，苦苦哀求回国。唐绍仪也连电李鸿章，代为求情。18日，清政府因中日即将决裂，才谕令李鸿章将袁世凯调回。于是袁世凯偷偷回到国内。24日，朝廷电令袁世凯迅速进京，袁世凯请求医治好病再去。李鸿章据实奏报，朝旨允准。

1894年7月25日，日本海军在牙山口外丰岛海面突然袭击

① 《清光绪朝中日交涉史料》卷13，第29页。

中国军舰和运兵船只；28 日，又向中国驻牙山的军队进攻。8 月 1 日，清政府被迫对日宣战，甲午战争正式爆发，清政府命李鸿章全面指挥。战争一开始，中国军队即遭受严重损失。对此，袁世凯是负有一定责任的。李鸿章因其发过增兵急电，日本蓄意开战，未加归咎。此时，战事已成为当务之急，8 月 4 日，李鸿章奏派袁世凯仍任总理朝鲜交涉通商大臣，兼办理朝鲜抚辑事宜，命其驰赴平壤一带，联络官军，协筹粮运，进京之事以后再说。袁世凯的病尚未痊愈，不愿前去，令堂弟袁世勋进京活动。李鸿章以其为朝鲜官民信任，非让他去不可。他不敢抗命，只得前往辽东。不久，李鸿章又命他办理转运局。

清廷鉴于军队接连溃败，要求停战议和。1895 年 2 月，免去李鸿章的直隶总督兼北洋大臣职务，命其为头等全权大臣，前去日本办理交涉。3 月 14 日，李鸿章启程去日本马关。袁世凯去电“恭叩行旌，万乞珍摄”[①]；听到李鸿章在马关被刺的消息，又火急发电慰问，表现出无限关切。

4 月 17 日，李鸿章与日本签订了丧权辱国的《马关条约》。消息传出，全国人民悲愤至极，纷纷要求废约再战，有些官员提出严惩李鸿章以谢天下。袁世凯也被视为引起战争的罪人加以斥责。李鸿章回到天津，自知不为舆论所容，躲在家里不敢出来。袁世凯却不避嫌疑，当即销差，赴津谒见。

8 月 2 日，光绪皇帝召见袁世凯，命其到督办军务处差委。

---

① 沈祖宪辑录：《养寿园电稿》，“电稿”，第 222 页，台湾文海出版社印行。

同月 28 日，李鸿章到京请安，光绪慰问其受伤情况，又严责其所订条约大失民心，大伤国体，命其留京，入阁办事。袁世凯的事情不多，隔几天就去看望李鸿章一次，二人之间的感情并未受到影响。12 月，袁世凯到天津小站督练新军去了。

1899 年 12 月 6 日，清廷命袁世凯署理山东巡抚。19 日，命李鸿章署理两广总督。

自 1898 年慈禧太后发动政变，即有废掉年轻的爱国皇帝光绪之意。由于外遭各国抵制，内受两江总督刘坤一等封疆大吏反对，她暂时打消了废立的念头。1900 年 1 月 24 日，她又强迫光绪立端郡王载漪之子溥儁为“大阿哥”，承嗣同治皇帝。此举是违背清朝祖制的，意在废黜光绪，因而引起各界人士抗争。对于这一震动中外的重大事件，李鸿章是反对的。在赴两广总督之任前，他向军机大臣荣禄辞行，荣禄透露了废立之事。他未听完，即站起大声说：“此何等事，讵可行之？今日试问君有几许头颅，敢于尝试此事！若果举行，危险万状，各国驻京使臣首先抗议，各省疆臣更有仗义声讨者。无端动天下之兵，为害曷可胜言！”[①] 袁世凯则害怕以后光绪报复他出卖维新志士的行径，在立“大阿哥”之后竟然上折，向慈禧“恭贺圣喜”，向光绪“恭贺天喜”。[②]

对于 1900 年在山东和直隶爆发的义和团运动，李鸿章和袁世

① 陈夔龙：《梦蕉亭杂记》卷 1，第 11 页，上海古籍书店，1983 年。

② 《为穆宗同治皇帝立嗣贺太后折》《恭贺为穆宗同治皇帝立嗣折》，《袁世凯全集》第 5 卷，第 161、162 页。

凯的认识是一致的，都认为是匪，主张镇压，保护使馆，反对与八国联军开战，加入了刘坤一、张之洞与英国策划的“东南互保”。

6月21日，慈禧决定同列强开战，嘉奖团民为义民。其后多次电催李鸿章星夜北上，并授其为直隶总督兼北洋大臣。7月21日，李鸿章抵达上海，留下观望。袁世凯鉴于形势危急，与刘坤一等奏请授予李鸿章全权，在沪与各国电商。8月7日，清廷授李鸿章为全权大臣，与各国议和。15日，八国联军攻进北京。慈禧率光绪等人出逃。10月1日，李鸿章接任直隶总督。其后进京与奕劻同列强议和，最后签订了丧权辱国的《辛丑条约》。1901年11月7日李鸿章病逝。同日，清廷授袁世凯署理直隶总督兼北洋大臣。有人说袁世凯继任直督系李鸿章在遗折内所保，并非事实。

李鸿章之所以支持、保护、提拔袁世凯，不能说与袁家的渊源没有丝毫瓜葛，但主要是看到他身处逆境之中，始终忠于职守，办事认真，任劳任怨等优点，从国家大局出发，而不是照顾私人关系。袁世凯在八年之内，由捐纳的一个小小中书科中书晋升为道员，速度之快，绝非一般人所能望其项背。对李鸿章的拔擢之恩，就连他的三哥袁世廉也铭心刻骨，感激涕零，写信对家人言：“吾家世受国恩，傅相（指李鸿章）知遇之隆，虽肝脑图报，亦说不了。”①

1903年7月，天津的绅士以李鸿章驻天津日久，功德在民，

① 《北洋军阀史料》卷1，第285页。

公请建立专祠。袁世凯立即奏请批准，并请“敕部列入祀典，由地方官春秋致祭，以昭伟绩而顺舆情”[1]。

1905 年 2 月，袁世凯为李鸿章专祠题写了匾额、对联。

匾额为：中兴柱石。

对联为：受知蚤岁，代将中年，一生低首拜汾阳，敢诩临淮壁垒；世变方殷，斯人不作，万古大名配诸葛，长留丞相祠堂。[2]

同年 7 月 20 日，即李鸿章专祠建成之日，袁世凯又撰书了《李鸿章功德碑》，全文如下：

李文忠公天津专祠既成，世凯疏闻于朝，岁时祭祀如礼。公镇畿辅，综理内政外交，系天下安危者三十年。其内政分民事、兵备、财政为三端。民事如治河、振［赈］灾，皆岁筹数十万金。振［赈］灾则兼顾晋、豫，治河则筹及东（山东）、豫。兵备全师西法。先在上海，即设局制造军火，至津而益扩充之。创设各学堂，他省皆取法于津。修筑各海口台垒，沿渤海而东极辽海，南至黄海。而尤注意于海军，公尝谓海军规模始具，即厄于户部停购船械之议。陆军虽练，而学堂未广，将弁无学，不足以当大敌。其经画财政，则办招商轮船，以收已失之利。开唐山煤矿，以创未兴之利。近筑津榆铁路，远开漠河金矿。皆时论所排，而为国家收久远之利者。外交则尤所擅长。同治十年，日本通商。十二

① 《公请在津建李鸿章专祠列入祀典折》，《袁世凯全集》第 11 卷，第 253 页。

② 《李文忠公祠匾额对联》，《袁世凯全集》第 13 卷，第 220 页。

年，秘鲁招工。光绪二年，烟台定约。六年，巴西通商。二十年，马关议和。凡为全权者六。自同治季年，即遣兵防台湾，既而伊犁争界约，法、越肇衅，中间再定朝鲜之乱，迄于甲午中东之役，凡外交之涉于兵端者五，皆艰难定议。综计甲午以前，中外遇有嫌隙，以一身维持其间，无不解释。二十六年，联兵北上，有诏极征，天下望如云霓，谕旨至有"旋乾转坤"之语。既入敌军，通国隐然若有所恃。千回百折，款议卒成，而公遂以尽瘁告终矣。早贵至于晚岁，历常变夷险，未尝一日言退，疾病亦不轻请假。中东约定，论者犹未已，所亲有劝归者，公谓："此身于国家有不能恝置之谊"。平日小心敬畏，得朝旨褒宠，喜见言色，间奉严谕，绝无怨尤，纯至出自天性。而始终蒙被恩礼，亦过绝等伦。世凯初以通家年少谒公，一见即许以任大事，旋奏付以东方专面之寄。屡疏荐达，语极崇重，同时宿将老吏皆惊异焉。从公二十年，迄于代将。庚子之变，提衡南北，更同患难。尝谓相从之久，相知之深，莫世凯若矣。公功德盖世，祠宇半天下，而在畿辅最为久治。敬举政事之大，及公忠勤之心，刊之于石，昭示后世。钦差北洋大臣、太子少保、直隶总督、项城袁世凯撰并书。[1]

观此，即知袁世凯对李鸿章的崇敬与感激之情了。

① 《袁世凯全集》第13卷，第592－593页。

唐绍仪：从支持到决裂

唐绍仪字少川，广东省香山县人，生于 1862 年 1 月 2 日。自幼随父亲到上海学习外语和洋务知识。1874 年被清政府派赴美国留学。1881 年回国后，作为德国人穆麟德的随员前往朝鲜帮办海关事务。

1884 年 12 月 4 日夜晚，以金玉均为首的朝鲜开化党人在日本支持下发动政变，劫持国王李熙。事发之后，袁世凯立即带队出巡，行至海关门前，正值唐绍仪持枪守卫。袁世凯与其交谈，对其印象颇好。

1885 年 11 月 15 日，袁世凯出任清政府在朝鲜的最高官员——驻扎朝鲜总理交涉通商事宜（也称总理交涉通商大臣），便把唐绍仪调充西语翻译。通过一段时间的观察，见其供差勤奋，做事明白，西学本已有成，犹能好学不倦，日习诗书，就经常在公事闲暇之时，劝其留心中国学问，领会中朝体制，以期学兼中西，而成伟器。后见其颇有进益，毫无习气，循循然宛若书生，更加欢喜，深感他是出洋留学生中不易多得之人，很想培养造就他。只是他仅有候选从九品的职衔，官秩太小，一时难得重用，1887年2月，令他循例报捐县丞。[1]4月，又禀请直隶总督兼北洋大臣李鸿章，唐绍仪免选县丞，以知县前先选用，并加知府衔。李鸿章很快批准了。其后唐绍仪又捐了候选同知、直隶州知州。

1889年10月，驻龙山商务委员出缺，袁世凯以唐绍仪优有识略，明敏谙练，委其接办，并帮办交涉通商事务。

1891年9月26日，袁世凯因母亲病重，请假回籍。李鸿章令其派人代理。袁世凯即委派唐绍仪。1892年8月，袁世凯禀请奖励在朝鲜办理商务交涉出力人员，唐绍仪免选本班，以知府前先选用，加三品衔。1893年，袁世凯想摆脱在朝鲜的困境，认为能够代替他的人，只有唐绍仪："此人乃有余之症，非不足之症也，只患其才太长，不合时耳，如谓庸陋及文弱书生，实貌取之论也。"[2]

1894年4月，朝鲜东学党起义，国王李熙请求清廷派兵助剿。李鸿章派兵入朝，早有侵略野心的日本亦派兵开进朝鲜。东学党溃败以后，清政府以乱事已平，要求同时撤兵。日本不予理会，处心积虑挑起战争。7月3日，日本驻朝公使大鸟圭介向朝鲜政府提出改革内政方案，妄图把朝鲜置于日本控制之下。

形势一天紧似一天，袁世凯急欲脱离险境，请求速回国内。

---

① 《袁世凯驻节朝鲜期间函电选辑》（下），《历史档案》1992年第4期。

② 《袁世凯家书》，第119－120页，台北，1990年。

清廷没有同意，让他留下探听消息。7月8日，朝鲜政府顶不住日本的压力，被迫宣布改革，亲日派嚣张一时。袁世凯不敢走出公署一步。然而，日军认为朝鲜亲华拒日是他一手造成的，大炮已经对准了他的公署。加之公署柴米缺乏，幕僚大都离去，他吓得魂飞魄散，以为死神就要临头了。恰巧这时他生了病，急忙于14日致电李鸿章说：已令唐绍仪暂时照料。唐绍仪“优智虑，明机宜，确有应变（此处疑漏“才”字），与韩西员均熟，必不至误事”[①]。16日，他又连发数电，声泪俱下地哭诉：“在此华官民将尽为倭残辱”，“日兵凶悍，毫无公法，稍迟，恐华人均难逃。”“凯病如此，唯有死，然死何益于国事？”苦苦哀求回国。唐绍仪见他可怜巴巴，也连电李鸿章，代为求情：“在汉（城）两署办公只余二员，今闻南北进兵，均即逃，无能挽留。仪一人译电、办公，断难理。袁道（世凯）病又须照拂，势急情迫，乞速示。”“袁道病日重，烧剧，心跳，左肢痛不可耐。韩事危极，医药并乏，留汉难望愈，仪目睹，心如焚。韩事以袁道为最熟，调回尚可就近商办一切，无论和战，尚可图效。若弃置不顾，可惜！乞恩鉴。”[②] 18日，清政府因中日即将决裂，召袁世凯回国，以唐绍仪代理。次日，袁世凯偷偷摸摸逃到仁川，紧接着回到天津。

7月23日，日军突然围攻总理交涉通商大臣公署。唐绍仪逃

① 《清光绪朝中日交涉史料》卷14，第26页。

② 以上各电，见顾廷龙主编：《李鸿章全集》2，“电稿”2，第782、784页，上海人民出版社，1986年。

至英国总领事署暂避。后见公署被掠，日本又逼迫朝鲜政府缉拿自己，势难再留汉城，经与英国人员协商，将公署内不能携带的秘密文卷烧毁，其余的封存英国总领事署。28 日早晨，由英国总领事署护送他赴仁川，登上英国兵船，而后乘德国便船前赴烟台，8 月 4 日到达天津。此时中日甲午战争业已爆发，李鸿章奏派袁世凯仍任驻朝总理交涉通商大臣，令其办理抚辑事宜，筹办军米。袁世凯招集从朝鲜回来的下属人员帮同办理。唐绍仪向他汇报了情况，请假离去。

1895 年 11 月，直隶总督兼北洋大臣王文韶以为甲午战争爆发以后，在朝鲜通商口岸的华民商务，均由英国驻朝鲜总领事代管；中、日两国议和以后，在朝鲜的商民应有商董照料，唐绍仪在朝鲜多年，熟悉情形，札委他为驻扎朝鲜商务总董。1896 年 11 月，总理衙门奏派他为驻扎朝鲜总领事。1898 年 10 月，他接到父亲去世的电报，请假回籍奔丧，结束了在朝鲜十多年的外交生涯。1899 年 4 月，出任办理山海关内外铁路事宜。1900 年 4 月 24 日，驻扎朝鲜钦差大臣徐寿朋以任期三年已满，奏请奖励唐绍仪免选知府，以道员遇缺即选，并加二品衔。5 月 11 日，已经升任山东巡抚的袁世凯，由于对外交涉事务繁重，需要得力助手帮忙，奏请将唐绍仪调到山东，委其办理全省洋务和商务事宜。

1901 年 11 月 7 日，清廷授袁世凯署理直隶总督兼北洋大臣。袁世凯奏请将唐绍仪调赴北洋，加二品衔，赏戴花翎，交军机处记名简放，委其署理天津海关道。唐绍仪在任职期间，办理接收八国联军占领的天津、收回秦皇岛口岸管理权等事务，成就斐然。袁世凯对其极为称赞，“倚之如左右手”①。1904年2月，袁世凯对他所下的考核评语是：“公忠亮直，力果心精，熟悉各国情形，颇能维持大局。”②同年9月26日，清廷命唐绍仪赴印度与英国代表谈判有关西藏问题。袁世凯以直隶的许多重要事务离不开唐绍仪“赞佐”，奏请仍留北洋。朝旨未允，袁世凯只得遵命。

经过一年多的谈判，唐绍仪运用灵活的外交手段，终于推翻了英国与西藏地方政府签订的所谓《拉萨条约》，挫败了英国妄图将西藏从中国领土中分割出去的阴谋，维护了中华民族的尊严和领土主权的完整。归国以后，曾任会办卢汉铁路大臣、外务部右侍郎、会办税务大臣、邮传部左侍郎。

1907年4月20日，清廷宣布将东三省改为行省。在袁世凯的暗中策划下，清廷任命徐世昌为东三省总督，唐绍仪为奉天巡抚。鉴于日本、俄国势力在东北强大，难于应付，唐绍仪主张联合美国，遏制日、俄。1908年美国以部分庚子赔款退还中国，已调任为军机大臣兼外务部尚书的袁世凯也主张联美，于是奏派唐绍仪为专使，赴美活动。唐绍仪名义上是去致谢，实际上是秘密同美国磋商，由美国投资开发东北。由于日本的破坏，计划落空。

1909年1月2日，摄政王载沣将袁世凯开缺。袁世凯回到河

① 赵叔雍：《唐绍仪》，卞孝萱、唐文权编：《辛亥人物碑传集》，第339页，团结出版社，1991年。

② 《年终考核文武各员折》，《袁世凯全集》第11卷，第627页。

南，后定居彰德。同年7月8日唐绍仪被开缺后，前去拜访袁世凯。1910年8月17日，唐绍仪出任邮传部尚书。10月，又到彰德为袁世凯祝寿。11月，唐绍仪因外交失败，在军机大臣面前极力运动起用袁世凯，以应付困境。说此举“并非私交上关系，实是以人事君之道”[①]。

1911年1月6日，唐绍仪因病辞职。10月10日，革命党人在武昌发动起义。摄政王载沣被迫起用袁世凯为湖广总督，后又任命他为内阁总理大臣。袁世凯马上奏调唐绍仪到京，襄理一切。12月7日，委其为总代表，南下与民军议和。

唐绍仪抵达上海，首先易服割辫，表明了心意，加之与民军总代表伍廷芳为同乡，过去在同朝做官即有交谊，谈判起来自然容易一些。伍廷芳提出：今日人心倾向共和，若非承认共和，别无议和之法。坚持必须承认共和，方能开议。唐绍仪立即表示同意，并说袁世凯亦赞成，“不过不能出口耳”。他提出召开国民大会，决定君主、民主问题，认为“开国会之后，必为民主，而又和平解决，使清廷易于下台，袁氏易于转移，军队易于收束”[②]。要求给予时间，做清廷的工作。

27日，召开国民大会公决民主和君主的方案，得到伍廷芳同意。唐绍仪致电袁世凯代奏。袁世凯与徐世昌、奕劻密议后，以

① 《国闻片片录》，《汇报》1910年11月11日。

② 《南北代表会议问答速记录》，见中国史学会主编：《辛亥革命》8，第77 — 79页，上海人民出版社，1957年。

为可行，于是内阁奏请隆裕太后召集王公大臣会议讨论。在30日的第四次会议上，唐绍仪与伍廷芳拟定召集国民会议的办法四条，袁世凯不予承认。唐绍仪以所议条款不被认可，提出辞职。袁世凯因四条办法不利于自己，1912年1月1日孙中山就任了中华民国临时政府大总统，便以唐绍仪与伍廷芳所达成的协议未先与他商明，遽行签订，逾越职权，批准其辞职。表面看来，和议陷于停顿状态，实际上，唐绍仪仍奉袁世凯之命与伍廷芳进行私下协商。

1912年1月14日，唐绍仪探询如清帝退位后，推举袁世凯为总统有多大把握。伍廷芳随即电告孙中山。孙中山作了肯定答复。唐绍仪唯恐袁世凯错过机会，致电梁士诒转告袁世凯："清必倒，民国必成，宁使人诽谤为王莽、曹操，而西方华盛顿，不能专美于前。孰得孰失，当能决之。"①敦促袁世凯痛下决心，当机立断。

2月12日，清帝退位。次日，孙中山向南京临时参议院辞职，送交了举荐袁世凯为临时大总统的咨文。14日，临时参议院选举袁世凯为大总统。袁世凯就职后，着手组织政府。他以为唐绍仪是一起共事多年的老朋友和僚属，让其出任总理定会唯命是从，得心应手。南方多数人对唐绍仪的印象也不错，因而唐绍仪在临时参议院顺利当选为中华民国第一任内阁总理。继而他提出各部总长人选，其中有同盟会员王宠惠、陈其美、宋教仁、蔡元培。

① 甘簃：《辛亥和议之秘史》，《辛亥革命》8，第118页。

参议院通过，内阁组成。4月21日，国务院迁往北京。

袁世凯具有极大的政治野心，总想个人专断一切，极其羡慕专制帝王那一套威严。但当皇帝不是一蹴而就的，需要很多铺垫，扫清诸多障碍，做许多准备工作。而准备工作也只能偷偷地搞，不能大张旗鼓地干。经过一段时间的实践，他觉得《临时约法》规定的责任内阁制，是实现政治野心的一大阻力和障碍。如果不把它搞垮，将实权抓在自己手中，事事内阁通过才能实行，一切重大法令必须国务员副署才能生效，不用说当皇帝是幻想，当总统亦味同嚼蜡，没什么意思。而一起共事多年的老朋友、内阁总理唐绍仪，在他看来似乎也被洗了脑，变成了“另类”。唐绍仪在辛亥革命后倾向共和，后又加入同盟会，革命党人对之期望颇大，谆谆嘱其尽忠民国。而总理的地位，又促使其很想发挥责任内阁的作用。所以，就任总理之后，的确发生了一些变化，主张与同盟会合作，俯顺舆情，强调遵守《约法》和承担内阁的责任，对国家负责，不再像过去那样恭顺，有时将总统府的决定驳还，有时当面与袁世凯争得面红耳赤。这在袁世凯的眼里就是大逆不道，二人的裂痕逐渐加深。他怀疑唐绍仪成了革命党的内线，在挟革命党势力自重，欲独树一帜。对于革命党人，他的原则是：“他们来，我们是欢迎之不暇的，但是要在我这个圈儿里。”[①] 谁要越出这个圈儿，不当投降派，他就对谁不客气。现在唐绍仪居然带头打破这个圈儿自由行动，于是他决定向责任内阁开刀。

---

① 唐在礼：《辛亥以后的袁世凯》，《文史资料选辑》第53辑，第166页。

为搞垮责任内阁，袁世凯故意架空唐绍仪。他指使内务总长赵秉钧不服从唐绍仪的领导，同时直接插手重要部门，不让唐绍仪染指。凡外交方面重要和不宜公开的问题，袁世凯直接命令由不受内阁领导的蔡廷干秉承自己的意旨去办。陆军、海军两部的要务，军事行动，更非唐绍仪所能与闻。财政方面的大事，唐绍仪亦难于过问。内阁逐渐成为有名无实的空架子，唐绍仪无法干下去了。

在南北政府对峙时期，政费、军费支出浩繁，财政极端困难，结束南京政府，急需相当大的一笔经费。唐绍仪开始向英、美、德、法四国银行团商议借款，银行团要求的条件十分苛刻。为解决燃眉之急，3 月 14 日唐绍仪同比利时财团（华比银行）签订了借款英金一百万镑的合同。四国银行团决定停止预付中国借款，四国公使又向袁世凯递交抗议书。有些人借此大肆造谣中伤，散布借款用途不明，甚至说是为了接济革命党军费。袁世凯在背后推波助澜，风波越闹越大，搞得唐绍仪焦头烂额。

袁世凯还亲自出马刺激唐绍仪，在心理上施加压力，在精神上予以折磨。每当二人争论起来，袁世凯理屈词穷时，就话中带刺地说："我们是没有几天好做的，这个位置早晚要让给你们的。"[①] 或公开对唐绍仪讲："少川，吾老矣，子其为总统。"[②] 说唐绍仪想当总统，使其大大不安于位。二人之间的关系愈益恶化。

---

① 唐在礼：《辛亥以后的袁世凯》，《文史资料选辑》第 53 辑，第 168 页。

② 沃丘仲子：《段祺瑞》中编，第 26 页。

为赶走唐绍仪，袁世凯还制造了一个任命直隶都督的事件。这个问题的提出，系参议院还在南京的时候。当时参议院议决接收北方统治权案，规定各省督抚一律改称都督，咨议局改为省议会，都督由省议会公举。直隶代表推荐驻南京第三军军长、原广西副都督王芝祥为直隶都督，革命党人也很赞成。唐绍仪欣然同意，遂通知了直隶人士。顺直议会（包括顺天府在内的直隶省议会）跟着做出推举王芝祥任直隶都督的正式决议。唐绍仪电告袁世凯说："准参议院咨文及各处函电，皆谓本省都督应先由人民公举，再由大总统委任。王芝祥既经直人举为都督，应请速予发表。"[1]

但直隶即是北洋，为袁世凯发迹的地方，他不允许外人插足进来，更不能听任一个接近同盟会的军人控制军权。复电说："都督由地方公举，抑由中央任命，此固为国会成立后解决问题。但就目前而论，北方三省都督业由本总统委定，决无更改之理。若参议院必欲迫令取消已发之命令，则请先取消本总统之职任。"[2]

唐绍仪回京后，又与袁世凯谈起王芝祥督直问题。袁世凯似乎并未拒绝，只是表示一时不便宣布。

王芝祥到京后，袁世凯表面上对其称誉不绝，聘为高等顾问，背后却找冯国璋、段祺瑞密商出一个一石二鸟之计，密令直隶五路军队发出反对王芝祥任直隶都督的通电。唐绍仪说王芝祥是

---

① 《国务总理唐绍仪来电》,《袁世凯全集》第19卷，第699页。

② 《致国务总理唐绍仪电》,《袁世凯全集》第19卷，第716页。

“北洋民意所归”，袁世凯就针锋相对来个“北洋军意反对”，提出让王芝祥出任南京宣慰使，帮助黄兴解散留守部队。

任命王芝祥的问题直接关系到内阁的威信和职权，如不坚持，将来内阁势必降为总统府的一个附属机关。因此，唐绍仪不接受袁世凯的意见，一再申述要尊重《约法》，不要失信于直隶人民。袁世凯说：“王系革命党人，若使督直，不啻引狼入室，将来他和南方联合，我们尚有余地么？”唐绍仪说：“前既答应，现在何能食言？”袁世凯说：“是你答应的，我并未预闻。”唐绍仪又说：“这是责任内阁职权，我要发表。”袁世凯说：“我不盖印，就能生效么？”①

袁世凯不给唐绍仪盖印，唐绍仪亦拒绝在袁世凯委任王芝祥为南京宣慰使的命令上签字，进行抵制。6月15日，袁世凯竟然将不经内阁副署的委任状交给王芝祥。唐绍仪忍无可忍，即日愤而拂袖出京。17日，请病假五天，决心辞职。此正中袁世凯的下怀，在其长子袁克定的来信上批道：“少川请病假赴津，将辞职。名望太坏，只好许之。党会中人或不免有小冲突，亦必无大碍也。”②但他还要照例来一套猫哭老鼠式的假慈悲，先是批准唐绍仪请假，继之命梁士诒和段祺瑞前往天津，做形式上的慰留。梁士诒在慰留时谈及他与袁世凯私交甚厚的问题。唐绍仪说：“我与项城交谊，君所深知。但观察今日国家大势，统一中国，非项城莫

① 耿毅：《癸丑讨袁回忆录》，《辛亥革命回忆录》1，第537页，中华书局，1961年。
② 《批长子袁克定函》，《袁世凯全集》第20卷，第105页。

办；而欲治理中国，非项城诚心与同盟会合作不可。然三月以来，审机度势，恐将来终于事与愿违，故不如及早为计也。国家大事，我又何能以私交徇公义哉！”[①]辞职的态度十分决绝。

6月27日，袁世凯在唐绍仪辞呈上批道：“该总理于共和宣布以前，南北奔驰，为民国效劳甚至。及就任总理，经营擘画，错节盘根，困苦艰难，非可言喻。民国草创，正赖长才，岂容听其退休，失兹臂助！特以情词恳挚，出于至诚，不得不谅其苦衷，遂厥初服。应即准如所请，免国务总理本官，任为高级政治顾问。仍望趁此宽闲，勉自调护，以养疴之余暇，备政治之咨询，将来倚重正多，当有以副国民之望。”[②]把人逼跑，还能甜言蜜语，表示无限留恋，真是一个伪君子！

此后，唐绍仪寓居上海，但仍密切关注着政治舞台。1912年10月9日，袁世凯授以勋一位。

1913年3月20日，国民党代理理事长宋教仁在上海遇刺，旋即去世，全国震惊。国民党人认为是袁世凯指使人所为，一些激进分子对其猛烈抨击，声言要将其打倒。袁世凯也加紧准备，以武力消灭国民党。唐绍仪致电袁世凯，主张调和。7月上旬，孙中山决定搞“二次革命”。12日，被袁世凯免去江西都督的李烈钧在湖口宣布江西独立，通电讨袁。紧接着江苏、安徽、广东宣布独立。唐绍仪与蔡元培、汪精卫为避免战祸，19日致电袁世

① 凤冈及门弟子编：《三水梁燕孙先生年谱》上，第122页，1946年。
② 《政府公报·公文》，1912年6月28日。

凯，请其辞职。袁世凯断然拒绝。

1915年12月12日，袁世凯申令承认帝位。25日，蔡锷等人宣布云南独立，继而贵州、广西独立，革命党人和各地人民也发动起义。1916年3月22日，袁世凯被迫撤销帝制，但又自封为总统。3月27日，唐绍仪在上海致电袁世凯，以痛快淋漓的笔调加以斥骂："撤销承认帝制之令，而仍居总统之职，在执事之意，以为自是可敷衍了事；第在天下人视之，咸以为廉耻道丧，为自来中外历史所无。……此次义举，断非武力所可解决，为执事劲敌者，盖在举国之人心，人心一去，万牛莫挽。兹陈唯一良策，则只有请执事以毅力自退。"[①] 袁世凯不肯退位，只好厚着脸皮，复电请其加以调停。

6月6日，袁世凯在羞愤忧郁中病逝。唐绍仪曾派人到新华宫吊唁，表明他并未完全忘却昔日的旧情。

在朝鲜期间，唐绍仪一直为袁世凯的下属，袁世凯对其极为欣赏，十分信任。唐绍仪也尽心尽力辅助，并在甲午战争前夕为其求情回国，二人之间的友谊非常深厚。1900年袁世凯将唐绍仪调到身边，不断晋升其职，后来唐绍仪虽然离开，但在一些重大问题上观点与袁世凯比较一致，二人互相支持。袁世凯罢官后，唐绍仪对其一如往昔，并鼓动清政府起用袁。在武昌起义后的南北议和中，唐绍仪不负袁世凯所望，促成其当上总统。袁世凯亦投桃报李，提议让他出任国务总理。唐绍仪之所以能从一个最低

---

① 《唐绍仪忠告袁世凯退位电》，《讨袁史料》2，第596页，台北，1969年。

级的小官当上仅次于大总统的国务总理，与袁世凯的提拔、支持密不可分。但他们毕竟不同。袁世凯自入仕途，没有汲取一点西方国家的民主思想，辛亥革命的暴风骤雨也没有把他僵化的专制头脑吹打清醒，当上大总统竟然背叛民国，帝制自为。唐绍仪自幼在美国留学，耳濡目染的是资本主义国家的政治，接受过民主共和思想的熏陶，辛亥革命后马上转为倾向共和，为建立中华民国而奋斗。这就是他们思想产生分歧、终至决裂的根本原因。为维护民主共和，唐绍仪不顾私人友情，弃国务总理而去，后又痛斥袁世凯称帝，充分体现了他的高风亮节和坚定的政治信念。

梁启超：二十年恩恩怨怨

梁启超字卓如，号任公，广东新会人，1873年出生在一个乡绅家庭。1889年考中举人。次年开始接触西学，拜康有为为师。1895年入京会试，协助康有为发动参加会试的各省举人向光绪皇帝上书，要求变法；组织强学会，担任该会书记，并主办《中外纪闻》。袁世凯于当年进京，就结识了康有为、梁启超，加入了强学会。

1898年梁启超入京应试。6月11日，光绪皇帝颁布诏旨，下令变法。后来召见了梁启超，赐予六品衔，命其办理译书局事务。变法遇到来自顽固守旧派的强大阻力，9月21日慈禧太后宣布重新训政，下令捉拿康有为及其弟康广仁。在袁世凯告密后，又下令逮捕其他维新派人士。袁世凯派人捉拿过梁启超，也捕风捉影地搜查过康有为。

变法失败以后，梁启超出逃日本。他认为慈禧发动政变，完全是由袁世凯告密造成的："袁之为人机诈反复，深知皇上之无权，且大变将兴，皇上将不能自保，故虽受皇上不次拔擢之大恩，终不肯为皇上之用，且与民贼之逆谋，卖主以自保，而大变遂成于其手矣。”[①] 从此与袁世凯结下了血海深仇。他在日本除创办刊物，宣扬民权，攻击清政府，鼓吹君主立宪，组织立宪团体政闻社外，还与康有为派人秘密联合肃亲王善耆等满族亲贵，极力排斥袁世凯。袁世凯也抓住机会反击，1908 年 8 月向慈禧说立宪团体政闻社系康有为、梁启超所组织，并力促张之洞“举发康、梁乱政秘谋”[②]，使清廷下令查禁了政闻社。

1911 年 10 月 10 日，革命党人发动武昌起义。载沣起用袁世凯为湖广总督。这时梁启超已经不再计较过去的宿怨，准备联络军咨大臣载涛和第六镇统制吴禄贞驱逐总理大臣奕劻，立即召开国会，联合袁世凯，逼迫清帝将全部政权交给国会，对南方革命党人进行慰抚说服，反对剿伐。

11 月 16 日，袁世凯组织责任内阁。为了笼络人心，他也改变了策略，以梁启超为司法副大臣。梁启超得知后，立即致电辞职。袁世凯复电说：“公抱天下才，负天下望，简命既下，中外欢腾。务祈念神州之陆沉，悯生灵之涂炭，即日脂车北上，商定大计，同扶宗邦。”[③] 继而又写信说：“十余年来，执事含忠吐谟，奔走海外，抱爱国之伟想，具觉世之苦心，每读所著文字，未尝

---

① 梁启超：《戊戌政变记》，《饮冰室合集・专集》之一，第 56 页。

② 丁文江、赵丰田编：《梁启超年谱长编》，第 451 页，上海人民出版社，1983 年。

③《梁启超年谱长编》，第 563 — 564 页。

不拊掌神往也。……执事热心匡时，万流仰镜，现值国事羹沸之际，民生涂炭之秋，必不忍独善其身，高蹈远行，不思同舟之急难，坐视大厦之就倾。”[①]

梁启超仍然固辞。11 月 26 日，他在一封致友人的信中说：“鄙人既确信共和政体为万不可行于中国，始终抱定君主立宪宗旨，欲求此宗旨之实现，端赖项城。然则鄙人不助项城，更复助谁？”“至此次所以坚辞不就职者，凡办事贵期于有成，当不惟其名，而惟其实；当用所长，而不当用所短。吾自信，项城若能与吾推心握手，天下事大有可为。虽然，今当举国中风狂走之时，急激派之所最忌者，惟吾二人；骤然相合，则是并为一的，以待万矢之集，是所谓以名妨实也。吾自问，对于图治方针，可以替献于项城者不少；然为今日计，则拨乱实第一义，而图治不过第二义。以拨乱论，项城坐镇于上，理财治兵，此其所长也。鄙人则以言论转移国民心理，使多数人由急激而趋于中立，由中立而趋于温和，此其所长也。分途赴功，交相为用。而鄙人既以此自任，则必与政府断绝关系，庶可冀国民之渐见听纳。若就此虚位，所能补于项城者几何？而鄙人则无复发言之余地矣，此所谓弃长用短也。熟思审处，必当先开去此缺，乃有办法。望公以此意代达项城。项城明眼人，必能相喻于无言也。”[②] 他认为当时的首要

---

① 《梁启超年谱长编》，第 564 页。

② 丁力:《梁启超复杨度的亲笔信》,《历史与文物资料》1978 年第 1 期。此信无上下款，作者认定是写给杨度的;《梁启超年谱长编》的作者则认为是写给罗瘿公的（见该书第 569 页），但都未说明有何根据。

任务是“拨乱”，其“所以坚辞不就职”，是想以在野的身份发挥其所长，即“以言论转移国民心理”，与袁世凯的“理财治兵”互相结合，才更有效。袁世凯理解了他的意图，准其解职。

正因梁启超将袁世凯视为当今理财治兵的人才，所以捐弃了前嫌，不断写信或派人向袁世凯献策，开始与其合作。1912 年 2 月 14 日，袁世凯当选为中华民国临时大总统后，梁启超在信中说：“既以共和为政体，则非有多数舆论之拥护，不能成为有力之政治家。”“善为政者，必暗中为舆论之主，而表面自居舆论之仆，夫是以能有成。今后之中国，非参用开明专制之意，不足以奏整齐严肃之治。”要做到这一点，必须注意筹划政党问题，罗致有政治常识、热心政治活动的人，以为己党。对于“只宜于破坏，不宜于建设”的旧革命党人，既“不可威压之”，“又不可阿顺之”，“惟有利用健全之大党，使为公正之党争，彼自归于劣败，不足为梗也。健全之大党，则必求之旧立宪党与旧革命党中有政治思想者矣”[1]。

袁世凯对梁启超的献策颇为欣赏，复函说：“凡所指导而激励之者，皆荦荦大计，而又切于事情，循诵数四，如豁雺雾而见青天，以是知大贤之吐属不同。”“将来久远之计，必合租税统系，银行政策，公债政策，冶为一炉。执事于此道研究入微，一时无两，尚乞发挥所著，俾有方针。政党一层，所策皆至确不易，中

---

① 《梁启超年谱长编》，第 617 — 618 页。

心藏之，何日忘之。巩固新政府四大问题，自当同时并进。”[①]但他还是希望梁启超早日归国。

1912 年 10 月时机成熟，梁启超回到国内。这时他已完全放弃了君主立宪主张，赞成共和。20 日到北京，受到各党各团体各界人士的热烈欢迎。谒见袁世凯时，袁世凯对他说：“中华国体初更，当兹建设伊始，自应有伟才如公者为之佐理，方保无陨越之虞。鄙意拟屈公就总统府高等顾问。”梁启超力辞，说他以前所持宗旨与共和不合，“故此次回国，专办报务。大总统厚意，决不敢领。如有刍见，当可密呈”。谈后袁世凯设宴相请，代理总理赵秉钧和国务员及总统府秘书长梁士诒等作陪。席间梁启超演说了挽救国家所持要策，首在消弭党见，互有维持。[②]袁世凯答应每月资助他办报费三千元，成立大党后再助二十万元。[③]

之后，梁启超在天津创办《庸言》杂志，并准备组织一个大党，与由同盟会改组而来的国民党对峙，实现两党制。

1913 年 3 月，国民党代理理事长宋教仁遇刺身死，国民党人都认为是袁世凯和赵秉钧所指使。梁启超则认为“与政府无关”，“系同盟会人自屠”，“真主使者，陈其美也”。[④]

5 月 29 日，进步党成立，推举黎元洪为理事长，梁启超当选为理事，实为该党的精神领袖。他在成立大会上说：对于袁世凯，

① 《复梁启超函》，《袁世凯全集》第 19 卷，第 611 页。
② 《与梁启超之谈话》，《袁世凯全集》第 20 卷，第 550 页。
③ 《梁启超年谱长编》，第 655、658 页。
④ 转见耿云志、崔志海：《梁启超》，第 241 页，广东人民出版社，1994 年。

中外报纸评论的很多，有极其敬爱的，也有极其憎恶的。“然无论为敬爱，为憎恶，要其为人有一种政治才能者也。此种有政治才能之人物，握有政权之时，苟无一大政党监督于其旁，日谋所以将顺其美，匡救其恶者，则徒令此种政治才能滥施于政治轨道以外，不亦惜哉！”[①] 也就是他后来所说的：“当时很有点痴心妄想，想带着袁世凯上政治轨道，替国家做些建设事业。”[②] 该党对于时局主张：拥护袁世凯为正式大总统候选人；改组现内阁；先选举总统，后制定宪法；大借款在今日之财政上不能反对，只可监督其用途；宋教仁案只能以法律解决。该党的现行政策是有利于袁世凯的，但其根本目的，则是想把袁世凯导入并约束在民主政治和法治的轨道之内，同袁世凯仍是两股道上跑的车。

7 月 12 日，国民党发动“二次革命”。对此，进步党加以激烈攻击，支持袁世凯进行镇压。梁启超担心武力镇压会引起国民党议员恐慌逃跑，国会无法召开，不能选举正式总统，特致信袁世凯，请其“将尊重国会之意一为表示”，“以释谣诼”。并说：“今欲戡乱图治，惟当挟国会以号召天下，名正言顺，然后所向莫与敌也。”[③] 袁世凯马上采纳，下令认真保护国会。

7 月 31 日，袁世凯改组内阁，任熊希龄为国务总理，作为对进步党的回报。熊希龄准备组织人才内阁，来一番作为。可是，

---

① 《进步党成立大会志盛》，《时报》1913 年 6 月 3 日；转见《梁启超》，第 246 页。

② 《护国之役回顾谈》，《饮冰室合集 · 文集》之三十九，第 88 页。

③ 《梁启超年谱长编》，第 674 — 675 页 .

袁世凯早把一些重要位置的名单拟定了，只留下司法、教育、工商三部供其支配。进步党不甘心，梁启超尤其希冀财政总长一席，同袁世凯讨价还价。袁世凯采取折中办法，叫熊希龄兼任财政总长，进步党只得到此为止。9月11日，“第一流人才内阁”组成，梁启超任司法总长。

10月6日，袁世凯当选为正式总统。他见宪法起草委员会拟订的宪法草案不利于自己独裁，进行各种破坏，未能得逞，便于11月下令取消国民党籍的议员资格，迫使国会因不足法定人数而停会。进步党人发现袁世凯阴谋消灭国会，破坏民主政治，投入到反对其专制独裁斗争行列的人更多了。为了维持国会，梁启超面见袁世凯，询问善后办法。袁世凯说，已电各省速集候补议员。其实，他根本不想恢复国会，以后根据政治会议的议决，下令解散了国会。

1914年2月9日，袁世凯任命梁启超为币制局总裁。12日，总理熊希龄辞职。梁启超亦跟着辞去司法总长。袁世凯批准。5月，又任其为参政院参政。8月，梁启超见在币制局无所作为，又辞总裁。

在这一年中，袁世凯废除国务院，成立政事堂，尊孔祭天，恢复古代官制，等等，着着都是在为背叛民国作准备。梁启超对其“举动越看越不对了”，“觉得有和他脱离关系的必要”。[1]1915年春，袁克定秘密策划帝制，欲拉进步党帮忙，约梁启超往小汤

---

① 《护国之役回顾谈》,《饮冰室合集·文集》之三十九，第88页。

山赴宴，痛诋共和制度，隐隐露出要变更国体，请其赞成之意。梁启超未明确表示意见，但说了一通内部及外交上的危险。宴后，他知道“祸将作，乃移家天津”[①]，躲进租界。表示不再过问政治，专门从事著述。4月，他南下省亲，走前以“缅怀平生知遇之感，重以方来世变之忧”，写了一封充满着爱护与谏诤的长信给袁世凯。中言：“国体问题，已类骑虎，启超良不欲更为谏沮，益蹈愆嫌。惟静观大局，默察前途，愈思愈危，不寒而慄”。“所最痛忧者，我大总统四年来为国尽瘁之本怀，将永无以自白于天下，天下之信仰，自此隳落，而国本自此动摇。传不云乎，‘与国人交，止于信’。信立于上，民自孚之，一度背信，而他日更欲有以自结于民，其难犹登天也。明誓数四，口血未干，一旦所行尽反于其所言，后此将何以号令天下？”“今也水旱频仍，殃灾洊至，天心示警，亦已昭然。重以吏治未澄，盗贼未息，刑罚失中，税敛繁重，祁寒暑雨，民怨沸腾，内则敌党蓄力待时，外则强邻狡焉思启。我大总统何苦以千金之躯，为众矢之鹄，舍磐石之安，就虎尾之危，灰葵藿之心，长萑苻之志。启超诚愿我大总统以一身开中国将来新英雄之纪元，不愿我大总统以一身作中国过去旧奸雄之结局；愿我大总统之荣誉与中国以俱长，不愿中国之历数随我大总统而同斩。是用椎心泣血，进此最后之忠言。”[②]袁世凯鬼迷心窍，要做皇帝，竟然置若罔闻。

---

① 《国体战争躬历谈》，《饮冰室合集·专集》之三十三，第143页。
② 《上大总统书》，《饮冰室合集·专集》之三十三，第20—22页。

6月，袁世凯要搞帝制已在社会上传开。梁启超与冯国璋一起进京摸底。而几次接见冯国璋，袁世凯皆发誓不肯为帝。岂知到了8月14日，杨度便组织起筹安会，为袁世凯帝制自为大力鼓吹。次日，昭威将军蔡锷从北京前赴天津会晤梁启超，密商讨袁计划。梁启超对他说："余之责任在言论，故余必须立刻作文，堂堂正正以反对之。君则军界有大力之人也，宜深自韬晦，勿为所忌，乃可以密图匡复。"蔡锷深韪其言。[①] 梁启超一向反对轻易使用暴力，总认为使用暴力会造成严重破坏，但民国以来的严酷现实，使他反省并觉悟了。他不但鼓动蔡锷用武力反袁，而且主张力争主动，首先树起反袁旗帜。

21日，梁启超写了《异哉所谓国体问题者》一文，驳斥筹安会的宣言，反对改变国体。该文发表之前，袁世凯已有所闻，派人携二十万元进行贿赂，令勿发表。梁启超不听，且将该文录寄袁世凯。袁世凯复派人危词恫胁，说："君亡命已十余年，此种况味，亦既饱尝，何必更自苦？"梁启超笑道："余诚老于亡命之经验家也，余宁乐此，不愿苟活于此浊恶空气中也。"来人语塞而退。[②] 该文原稿较为激烈，其中一段痛斥帝制之非，并云"由此行之，就令全国四万万人中三万万九千九百九十九万九千九百九十九人皆赞成，而梁某一人断断不能赞成也。"后有人说袁世凯现在尚未承认有称帝之意，初

① 《国体战争躬历谈》，《饮冰室合集·专集》之三十三，第144页。
② 《国体战争躬历谈》，《饮冰室合集·专集》之三十三，第143页。

次商量政见，不必如此激烈，他才将此段删去，其余各段也改得和平了一些。[1]发表之后，京、津各报争相转载，在社会上引起强烈反响。袁世凯派人请严复著论驳斥，严复拒绝。袁世凯乃改令孙毓筠撰写。

9月，杨度和梁士诒分别组织请愿团，请求改变国体。10月10日，袁世凯下令召开国民代表大会，解决国体。梁启超密约蔡锷和前贵州巡按使戴戡到天津商谈讨袁计划。12月初，蔡锷化装去日本，再转香港和越南海防入云南。12日袁世凯申令承认帝位后，梁启超也离开天津南下。

12月23日，云南将军唐继尧、巡按使任可澄致电袁世凯，指出：大总统两次就职宣誓，皆言恪遵《约法》，拥护共和。今食言背誓，何以御民？杨度等六人所倡之筹安会，朱启钤等七人所发各省之通电，煽动变更国体，皆为内乱重要罪犯。应请查照前各申令，立将他们明正典刑，以谢天下！“更为拥护共和之约言，涣发帝制永除之明誓”。“否则，此间军民痛愤久积，非得有中央拥护共和之实据，万难镇劝。以上所请，乞以二十四小时答复。”[2]这是向袁世凯发出的最后通牒。

25日，蔡锷、唐继尧、任可澄、戴戡等人又发出云南独立、声罪致讨的通电。略谓：“天祸中国，元首谋逆，蔑弃《约法》，背食誓言，拂逆舆情，自为帝制；卒召外侮，警告迭来，干涉之

① 吴贯因：《丙辰从军日记》，见《梁启超年谱长编》，第721页。

② 《唐继尧任可澄致袁世凯促取消帝制诛除祸首电》，《讨袁史料》，第60页。

形既成，保护之局将定。”“连日致电袁氏，劝戢野心，更要求惩治罪魁，以谢天下。”“何图彼昏，曾不悔过，狡拒忠告，益煽逆谋。夫总统者，民国之总统也；凡百官守，皆民国之官守也。既为背叛民国之罪人，当然丧失元首之资格。尧等深受国恩，义不从贼，今已严拒伪命，奠定滇、黔诸地，为国婴守，并檄四方，声罪致讨。”①

以上两电都是梁启超在天津时代拟的，只是前电原为两电，发表时归并为一，并加删削。后电发表时改了个别文字。除了忙于筹划云南的军事问题，争取各方面对护国军的支持，他还著文揭露袁世凯叛国的罪行。如《袁政府伪造民意密电书后》一文，对袁世凯及其党羽直接操纵指挥的从请愿、选举国民代表到国体投票、推戴皇帝这套把戏，做过生动的描述：“自国体问题发生以来，所谓讨论者，皆袁氏自讨自论；所谓赞成者，皆袁氏自赞自成；所谓请愿者，皆袁氏自请自愿；所谓表决者，皆袁氏自表自决；所谓推戴者，皆袁氏自推自戴。”“此次皇帝之出产，不外右手挟利刃，左手持金钱，啸聚国中最下贱无耻之少数人，如演傀儡戏者然。由一人在幕内牵线，而其左右十数嬖人蠕蠕而动；此十数嬖人者复牵第二线，而各省长官乃至参政院蠕蠕而动；彼长官等复牵第三线，而千七［九］百余不识廉耻之辈、冒称国民代表者蠕蠕而动。”“则此一出傀儡戏，全由袁氏一人独演。”“袁氏一生，其言与行，无一不相违；其心与口，无一而相应。彼袁氏

① 《宣告独立之通电》,《讨袁史料》，第 61 页。

盖天下古今第一爱说谎且善说谎之人也。”“以前清托孤之大臣而盗卖前清，以民国服务之公仆而盗窃民国。”“以总统为未足，则觊觎皇帝，若皇帝做不成，则又将谋保总统。险诈反复，卑劣无耻，一至此极。”①

1916年1月27日，贵州独立。为支持在艰苦中奋斗的云贵护国军，梁启超又策动广西将军陆荣廷举义。3月15日，陆荣廷宣布广西独立。

3月22日，袁世凯被迫申令取消帝制，而又自居总统。此时梁启超尚在越南，听到取消帝制的消息，即决定逼迫袁世凯退位。28日，接到陆荣廷电报，得知广东将军龙济光和巡按使张鸣岐派人来磋商条件，他复电说：来人“若以取消帝制为取消独立交换条件，务乞坚拒勿许。袁之无信而阴险，中外共知。若彼仍握政权，将来必解西南诸镇兵柄，再施伎俩行专制，如此非特义军诸将校遭其荼毒，且地方治安亦不克保。今日之事，除袁退位外，更无调停之余地”②。

4月6日，梁启超致电梁士诒说：“帝制之发生与撤销，朝四暮三，何关大计。须知国人所为痛心疾首，正以其专操权术，以侮弄万众。失信天下已久，一纸空文，徒增恶感耳。……项城（袁世凯）犹怙权位，欲糜烂吾民以为之殉，万一事久不决，而劳他人为我驱除，则耻辱真不可湔而罪责必有所归矣。弟与项城私谊

① 《饮冰室合集·专集》之三十三，第99－108页。

② 《盾鼻集》，《饮冰室合集·专集》之三十三，第31页。

不薄，诚不忍其卒以祸国自祸。乞兄为致拳拳。”[1]梁士诒即将电报呈送袁世凯。袁世凯阅后，仍不思悔改。

此后，讨袁斗争的形势进一步发展。5 月 1 日，两广都司令部誓师北伐。继而滇、黔、桂、粤四省在肇庆成立统一机构军务院，推举唐继尧为抚军长，岑春煊为副抚军长，梁启超为抚军兼政务委员长。他代军政府起草公文，宣言袁世凯因犯谋叛大罪，总统资格当然消灭；拥戴副总统黎元洪为总统；因黎元洪身在北京，不能亲任职务，由军务院负责指挥全国军政，筹办善后。6 月 6 日，袁世凯在全国人民的一片反对声中气绝而亡。

从 1895 年到 1915 年，整整二十年，梁启超与袁世凯由同志到敌人，由敌人到合作，再由合作到决裂，经历了十分曲折的过程。总的来看，梁启超在处理二人的关系上，是坚持原则的，其行动顺应了时代潮流的发展，为维新事业和捍卫共和制度做出了重大贡献，受到人们的称赞。袁世凯则逆历史潮流而动，成为民国的罪人。

① 《盾鼻集》，《饮冰室合集 · 专集》之三十三，第 35 页。

段祺瑞：在猜忌中离心离德

段祺瑞字芝泉，1865年3月6日出生于安徽合肥。1881年前往山东威海投奔任管带的堂叔段从德，被安排在营中当哨书。1885年考入天津武备学堂，学习炮兵科。两年后以优等成绩毕业，奉派赴旅顺监修炮台。1889年被选派到德国军校见习，继入克虏伯炮厂实习炮工。次年归国，任北洋军械局委员。1891年到山东威海随营武备学堂任教习。1896年奉派到新建陆军。袁世凯深为倚重，任其为炮队统带，炮队学堂监督，令其考试全营哨弁技艺。北洋军人把他和冯国璋、王士珍并称为“北洋三杰”。

1899年12月，袁世凯署理山东巡抚，段祺瑞随军驻防济南。次年，段祺瑞的夫人去世。袁世凯便做主把夫人于氏收养的义女张佩蘅嫁给段祺瑞。袍泽关系之外，再加这层亲戚关系，袁世凯对段祺瑞更加信赖。

1901年11月，袁世凯升为署理直隶总督兼北洋大臣，奏留段祺瑞以知府补用，仍统带炮队，总办随营学堂。1902年4月，景廷宾率领农民和部分义和团团民在广宗县发起暴动，进攻教堂，杀死法国神甫罗泽溥，周围各县群众起而响应。慈禧太后急令袁世凯从速剿灭。袁世凯命段祺瑞等带队前往镇压。6 月，袁世凯创设军政司，以段祺瑞为参谋处总办。7 月，袁世凯以其平定景廷宾之功，奏保其免补知府，以道员仍留原省补用，并加二品衔，记名简放。8 月，又以其功奏请赏戴花翎，并加勇号。

1903 年 12 月清政府设立练兵处，在袁世凯推荐下，段祺瑞充任该处军令司正使。从 1904 年开始，段祺瑞先后任第三、第四、第六镇统制。1906 年 3 月，清廷授其福建汀州镇总兵。袁世凯因其负责的工作均关紧要，奏请暂缓赴任，仍留北洋陆军。

1909 年 1 月初袁世凯罢官后，段祺瑞仍与其保持联系，而且亲自前往彰德访拜，或为其祝寿。1910 年 12 月，清廷命其署理江北提督。

1911 年 10 月 10 日，革命党人在武昌起义。14 日，清廷任命袁世凯为湖广总督，督办剿抚事宜。袁世凯没有立即出山。后见革命形势迅速发展，电奏饬段祺瑞酌带得力将弁径赴湖北。25 日又电奏，军情紧急，先派冯国璋充第一军总统，迅赴前敌；调第二军在河南信阳一带集结，待段祺瑞到来，即派充该军总统。

1911 年 11 月 7 日凌晨，第六镇统制、署理山西巡抚、欲与第二十镇统制张绍曾联合进攻北京的吴禄贞，在保定车站被马蕙田带人枪杀。次日，清廷派段祺瑞前往查办。当时对杀害吴禄贞的元凶有几种说法，其中包括袁世凯，至今尚无定论。据曾毓隽讲："有人携吴（禄贞）之首级来报功者，周符麟报之于段（祺瑞），余适在侧。段告周云，此案中央作如何处理，尚不可知，汝与之五千元，告其速去。"[①] 段祺瑞不将凶手拿获，反酬其劳，说明他知道刺杀吴禄贞的内幕，故其查办不了了之。

11月16日，袁世凯在京组织责任内阁。次日，经其奏请，任命段祺瑞署理湖广总督，兼办剿抚事宜。旋段祺瑞因病恳请开去差缺，未被批准。以后袁世凯把冯国璋调到北京任职，让段祺瑞兼充第一军总统。

12月，民军代表伍廷芳与袁世凯的代表唐绍仪议和。在正式议和之外，直隶陆军学堂总办寥宇春和第一军参议靳云鹏、北京红十字会会员夏清贻以为，如南军能推举袁世凯为总统，则共和可望，北军亦易于接受，遂决定以此意疏通南北两方。他们将此意告知段祺瑞，得到段祺瑞的支持。于是寥宇春和夏清贻前往上海，与同盟会领导人黄兴的代表顾忠琛会谈。他们达成五项秘密协议，其中重要的两条是：确定共和政体，先推翻清室者为大总统。由于清室在袁世凯掌控之中，协议显然是有利于袁世凯的。寥宇春到湖北把会谈的情形告知段祺瑞，以为救时良策，莫善于此。段祺瑞说："项城（袁世凯）焉肯出此。"寥宇春说："项城只可居于被动地位，而主动者，即在公耳。"段祺瑞"意甚动"。次日寥宇春又去谒见。段祺瑞说："所言诚善。但项城立于最危险之境，不可不慎耳。"寥宇春说："只要我公居于主动地位，项

① 曾毓隽：《忆语随笔》，《文史资料选辑》第41辑，第21页。

城之厄，不难解也。”段祺瑞以为然，“极满意”。[①] 从此，一心一意为袁世凯当上总统而效力。

不久，靳云鹏奉段祺瑞之命北上谒见袁世凯，请其赞成共和。袁世凯问：“段军统之意若何？”靳云鹏答：“第一军全体一致，主张共和，并议推举宫保为临时大总统。”袁世凯假装惊异地说：“军心胡一变至此？将置余于何地！若欲使余欺侮孤儿寡妇，为万世所唾骂，余不为也。”听靳云鹏婉词陈说后，又道：“汝曹握兵权者亦复如此，我尚何言！但使我得有面目与世人相见足矣。”[②] 也就是说，只要能当上总统，不落下篡夺大清政权和欺负孤儿寡妇的恶名，就可以放手做去。段祺瑞心中更有底了。

1912 年 1 月 22 日，孙中山提出议和的最后解决办法：清帝退位；袁世凯宣布政见，绝对赞成共和主义；清帝退位后，孙中山辞职；由参议院选举袁世凯为临时总统。袁世凯接到通知，迫不及待地加紧了逼宫的步骤。

1 月 26 日，段祺瑞根据袁世凯授意，率领各路将领致电内阁，请代奏“明降谕旨，宣示中外，立定共和政体”[③]。袁世凯代为上奏，并催清廷迅速做出抉择。

隆裕太后采取的唯一办法是尽可能拖延时日。2 月 1 日，她

---

① 寥宇春：《新中国武装解决和平记》，见中国社会科学院近代史研究所近代史资料编辑组编：《辛亥革命资料类编》，第 367 — 369 页，中国社会科学出版社，1981 年。

② 夏清贻：《运动北军反正记》，《辛亥革命资料类编》，第 404 页。

③《宣统三年十二月初八日会办剿抚事宜第一军总统官段祺瑞等致内阁请代奏电》，《辛亥革命》8，第 173—174 页。

召开御前会议，提出采取虚君共和政体，即君主不干预国政的办法，希冀把皇帝保留下来。这自然在民国政府和袁世凯那里都通不过。隆裕太后见实在无路可走，经过反反复复的考虑比较，最终做出了皇帝退位、颁布共和的决定。可是，并未决定何时退位。袁世凯不免着急，于是暗嘱靳云鹏携带电稿至前线交给段祺瑞，以前敌将领名义拍发。

2 月 5 日，段祺瑞等人照原稿一字不改地发出。电云："共和国体，原以致君于尧舜，拯民于水火。乃因二三王公迭次阻挠，以至恩旨不颁，万民受困。现在全局威迫，四面楚歌。颍州则沦陷于革军；徐州则小胜而大败；革舰由奉天中立地登岸，日人则许之；登州、黄县独立之影响，浸遍于全鲁；而且京、津两地暗杀之党林立，稍疏防范，祸变即生。是陷九庙两宫于危险之地，繄皆二三王公之咎也。三年以来，皇族之败坏大局，罪实难数。事至今日，乃并皇太后、皇上欲求一安富尊荣之典，四万万人欲求一生活之路而不见许。祖宗有知，能不恫乎！盖国体一日不决，则百姓之因兵燹冻馁死于非命者日何啻数万！瑞等不忍宇内有此败类也，岂敢坐视乘舆之危而不救？谨率全军将士入京，与王公剖陈利害。祖宗神明实式鉴之。挥泪登车，昧死上达。请代奏。"①这篇电文着墨不多，但刀光剑影，令人不寒而栗。袁世凯接到后，立即召集王公大臣会议。王公大臣看了电文，一个个面如土色，

① 《宣统三年十二月十八日第一军总统段祺瑞致内阁请代奏电》，《辛亥革命》8，第 178—179 页。

毛骨悚然。从此，再也无人敢说一句反对退位的话。

3 月 10 日，袁世凯在北京就任临时大总统，接着组阁。关于陆军总长人选，革命党人主张黄兴，袁世凯坚持用段祺瑞，结果还是让段祺瑞当了陆军总长。

8 月 10 日，原湖北都督府军务部副部长张振武与湖北将校团团长方维带领多人抵达北京。次日，与他们有矛盾的副总统兼湖北都督黎元洪密电袁世凯，给他们加上一些罪名，请将他们处决。15 日晚上，袁世凯下令将张振武和方维秘密处决。湖北籍参议员一面致电黎元洪严厉质问，一面在参议院提出质问案，要求政府拿出张振武的犯罪证据，陆军总长段祺瑞到院答复。袁世凯以事情重大、实关全国安危和军事机密搪塞。此举更激恼议员，提出段祺瑞必须出席答复。23 日，段祺瑞回答了议员的质问。最后说：秘密处决张振武“手续虽有错误，祺瑞身当其咎，亦未为不可”[①]。把不经审判即处决张振武的责任承担下来。

1913 年 3 月 22 日，国民党代理理事长宋教仁被刺身死。国民党人都认为主使人是袁世凯和国务总理赵秉钧。4 月 25 日深夜，江苏都督程德全和民政长应德闳公布了有关宋案的函电证据。次日深夜，袁世凯命赵秉钧等与英、法、美、俄、日五国银团签订了总额为二千五百万英镑的善后大借款合同。参议院正副议长、国民党人张继、王正廷遂通电全国，指出该项借款不交国会通过，蹂躏立法机关。接着参议院议决借款无效。30 日，赵秉钧因

① 《民初政争与二次革命》上，第 136 — 140 页。

涉嫌宋案呈请辞职。5 月 1 日，袁世凯以段祺瑞代理国务总理。5 日，众议院议员又否决了善后大借款案。袁世凯命段祺瑞到国会答复质询。段祺瑞答复时，有人质问为何不经国会讨论，“善后大借款”非法签字；有人跳到凳子上大骂袁世凯破坏《约法》，欺凌国会；有人拍案高喊“打倒袁世凯”；有人向段祺瑞投掷墨盒。而段祺瑞却只讲借款案请求国会追认，对质询一概置之不理，态度极其蛮横。

其后，袁世凯召开秘密军事会议，准备消灭国民党。段祺瑞参与了谋划。

6 月，袁世凯将国民党的江西都督李烈钧和广东都督胡汉民免职，还想将安徽都督柏文蔚免职。段祺瑞担心人心更为愤激不平，殊非国家幸事，说：柏文蔚“对于中央虽不免有过激之处，然出自爱国热忱，并非别有用意，请勿更调，以维人心”。袁世凯说：“我已胸有成竹，不须君言。”[①] 仍将柏文蔚免职。

7 月，国民党发动“二次革命”，很快被袁世凯镇压。段祺瑞是其主要助手。

9 月 11 日，熊希龄内阁组成，段祺瑞仍任陆军总长。

10 月 10 日，袁世凯就任正式总统。他对副总统黎元洪兼湖北都督放心不下，12 月 8 日，派段祺瑞到武汉敦请黎元洪进京。黎元洪在进京的路上，袁世凯就发表了以段祺瑞暂时署理湖北都督的命令。

---

① 《民初政争与二次革命》上，第 445 页。

自1911年起，白朗就在河南西部组织起一支队伍，开始了武装斗争。辛亥革命并未使广大农民的政治、经济地位得到任何改善，白朗继续坚持斗争。袁世凯虽派军队镇压，但白朗的队伍愈益发展壮大，转战河南和湖北各地。1914年白朗军又挺进安徽，开仓济贫，饥民纷纷加入，起义军迅速发展到两万人左右。袁世凯气急败坏，2月13日免去张镇芳的河南都督，改任段祺瑞兼代。段祺瑞调集部队数万人，企图将白朗军一举围歼。但白朗军又突出重围，进入湖北，处置了一批地主豪绅，杀死一名挪威传教士，一时各处震动。驻京各国公使因外国人的财产损失颇巨，商务受到间接影响，连日集议：如袁世凯政府“再不能即日剿平，拟电请本国政府各派兵若干，帮同剿办，以期早为肃清”[①]。袁世凯闻讯，感到大失体面，大损威信，立电段祺瑞多配新式武器，增加饷费，增调马队，务期彻底消灭。3月，白朗军进入陕西。袁世凯再次电令段祺瑞迅速剿平。相隔一日，又觉得陆军总长“长久在外，各国注视白狼更重，且久未平，尤损声威”[②]，令其回京。

为了集中权力，袁世凯于1914年5月1日废除国务院，改设政事堂，任命徐世昌为国务卿，段祺瑞仍为陆军总长。8日，又成立陆海军大元帅统率办事处，掌管全国军事。该处未设最高长官，由袁世凯亲自掌握，派段祺瑞等为大办事员。表面看此乃集陆军、海军和参谋三部统筹军事，实则是要削弱段祺瑞的军权，

---

① 杜春和编：《白朗起义》，第245页，中国社会科学出版社，1980年。

② 《白朗起义》，第149页。

把实权抓在自己手上。段祺瑞一眼看穿了他的用心，态度趋于消极，从此常不到部，一切事务交给亲信、次长徐树铮代办，也常常缺席统率办事处的会议。

6 月 30 日，袁世凯下令裁撤各省都督，设立将军，任命段祺瑞为建威上将军，兼管理将军府事务。不过，对段祺瑞仍不放心。为了培养军官，在军队中造成专供自己指挥的特别系统，进一步加强军事集权，逐步把段祺瑞的势力排挤出去；同时，为了建立一支绝对忠于自己的军队，确保将来的皇位，10 月决定建立模范团。其长子袁克定是帝制的狂热鼓吹者和重要策划者，一心要当东宫储贰，急欲掌握军权，在军队中树立自己的威望，对建立模范团特别热心。段祺瑞则百般阻挠。袁世凯越发感到有建立的必要。段祺瑞无法抗拒，只得同意。开始，袁世凯提出叫袁克定任模范团团长，段祺瑞硬邦邦地顶了一句："我看他不行吧！"谈了半天，段祺瑞仍然坚持己见。最后袁世凯气急败坏地问："你看我行不行呢？"这一下把段祺瑞噎了个半死，气得鼻子都歪到一边去了。①

1915 年与日本交涉"二十一条"，袁世凯主张妥协，段祺瑞则主张强硬。5 月 9 日签字时，段祺瑞"通电主战"。袁世凯笑道："芝泉老友，去则去耳，何必出此恶声哉。"②

与日本的交涉结束以后，袁世凯加快了帝制自为的步伐。论

---

① 王楚卿：《段祺瑞公馆见闻》，《文史资料选辑》第 41 辑，第 246 页。

② 张一麐：《直皖秘史》，见《近代稗海》第 4 辑，第 40 页。

地位、资历、威望，在共和制度下，段祺瑞将来有当选为总统的可能。改行帝制，皇位世袭，不但做国家元首的希望完全破灭，而且还要向袁世凯和未来的“太子”跪拜称臣，此乃他最不甘心的一点。他因袁世凯削夺其兵权久怀怨恨，对帝制公开唱反调，对以“太子”自居的袁克定不假辞色，每每以盛气凌之。袁克定派阮忠枢前去游说，段祺瑞不等他说完即厉声呵斥。有人问他帝制的事，他说：“项城（袁世凯）屡有宣言，不做皇帝，克定胡闹耳。”[①] 袁克定对他恨之入骨，在背后大骂，并打算用警告恫吓手段对付。段祺瑞的夫人张佩蘅听到风声，想尽法子告诉了袁世凯的于夫人。于夫人立即告诉了袁世凯。袁世凯当即对袁克定说：“你姊夫（指段）对帝制有意见，他不是以兵，而是以口。我听说你在外边对他有不利的行动，应赶快停止。他是我们家里至亲，现在事还没有定，我们内部就这样，将来更不堪设想了。”自此之后，段祺瑞的安全比较有了保障。[②]

袁世凯虽然不想对段祺瑞采取极端手段，但也极力排斥，屡屡向他讲：“你气色不好，想是有病，应当休息休息。”段祺瑞无可奈何，只得称病辞职。1915 年 5 月 30 日，袁世凯特发表申令，给段祺瑞两个月假，并颁给人参四两，医药费五千元，让他慎延名医施治。假期内如有军务重要事件，仍着随时入内会议。似乎对段祺瑞十分倚重、关切，并经常派人给他送去鸡汁、参汤之类

---

① 沃丘仲子：《段祺瑞》中编，第 34 — 35 页。

② 曾毓隽：《忆语随笔》，《文史资料选辑》第 41 辑，第 24 页。

的滋补品，体贴入微。而段祺瑞恐食物中有毒，不敢一尝，吩咐倒掉完事。袁世凯一面把表面文章做到十分，一面命王士珍署理陆军总长，指使肃政厅弹劾段祺瑞的心腹陆军次长徐树铮，将其免职，对段祺瑞进行打击。段祺瑞为此愤愤不平，退居西山，拒绝见客，冷眼旁观，接连又上几次辞呈。

二人关系的恶化，引起社会上和外国人种种揣测。为了避免不测之祸，8 月 3 日，段祺瑞发表辟谣电说："二十年前，大总统在小站练兵时，祺瑞以武备学生充下级武秩，与大总统素无关系，乃承采及虚声，立委为炮队统带，升任统制。及大总统还山再起，祺瑞复见任湖广总督、陆军总长等职。以大总统知祺瑞之深，信祺瑞之坚，遇祺瑞之厚，殆无可加，是以感恩知己，数十年如一日，分虽部下，情逾骨肉。近数年来，祺瑞因吐血失眠，吁请息肩。乃包藏祸心之某国报纸，以挑拨离间之诡计，直欲诬祺瑞为忘恩负义之徒，甚至伪造被人行刺之谣，更属毫无影响。不得不略表心迹，以息讹言。"[①]

8 月 14 日，杨度等发表了组织筹安会的宣言，为袁世凯帝制自为制造舆论。段祺瑞急忙召来徐树铮和曾毓隽计议对策，说："项城（袁世凯）帝制自为之迹，已渐显露，我当年曾发采取共和之电，如今又拥护项城登基，国人其为［谓］我何？且恐二十四史中，亦再找不出此等人物！所以论公，我宁死亦不参与；论私，

① 转见陶菊隐：《北洋军阀统治时期史话》第 2 册，第 72—73 页，生活·读书·新知三联书店，1957 年。

我从此只有退休，决不多发一言。”[1]反对帝制的态度非常坚决。

不久，袁世凯召见段祺瑞谈帝制问题。段祺瑞说：“现在不可能，外面空气太坏。”[2]8月29日，袁世凯免去其陆军总长。

12月25日，蔡锷等人在云南组织护国军，通电讨伐袁世凯称帝叛国。内史夏寿田向袁世凯献计，仿照英王兼印度大皇帝之例，以大总统兼满蒙藏大皇帝，借此下台，以塞西南之口，并向段祺瑞讲了。段祺瑞对袁世凯知之甚深，谓恐难以通过。果然如此，袁世凯没有接受夏寿田的建议。

护国军讨袁，搞得袁世凯心力交瘁，他很想请段祺瑞主持征滇工作，代分其劳。段祺瑞借口“宿疾未愈”，予以拒绝。在内外交攻的情况下，袁世凯被迫考虑撤销帝制，3月22日召集帝制派要人开紧急会议，并请段祺瑞与会。段祺瑞到后，袁世凯说：“我老且病，悔不听汝言，故有今日纠纷。取消帝制，汝可相助为理乎？”段祺瑞答道：“当竭力相助。”[3]袁世凯遂发表撤销帝制申令。次日，任命段祺瑞为参谋总长。4月22日，又批准徐世昌辞职，任命段祺瑞为国务卿，兼任陆军总长。5月4日，改政事堂为国务院，以段祺瑞为国务总理，但仍专制独裁。段祺瑞想任徐树铮为国务院秘书长，托人向袁世凯提出。袁世凯极不喜欢徐树铮，说：“段总理军人，徐某亦军人，以军人总理而用军人为秘

① 徐樱：《先父徐树铮将军事略》，《天津文史资料选辑》第40辑，第95－96页。
② 王楚卿：《段祺瑞公馆见闻》，《文史资料选辑》第41辑，第246页。
③ 曾毓隽：《宦海沉浮录》，《近代史资料》总68号，第27页。

书长，大不相宜。”最后说：“总理若以徐某之才可用，不妨令其为陆军次长。”段祺瑞闻报后，将衔在口里的香烟嘴重重地掷在桌子上，向前猛推，厉声说：“今日还是如此！”气得鼻子又歪了。[①]段祺瑞以责任内阁的名义请求裁撤大元帅统率办事处，由陆军部接管该处事务和模范团、拱卫军，袁世凯依然把持住不放。

段祺瑞“此次出山，本拟与北洋元老商洽北方应付南方之策，虽不惬于袁，尚不肯为已甚。自此以后，即决心与西南通电，互谋对袁”[②]。“恐袁氏肆厥阴谋，将以陷己”，“乃使曲同丰入陕，说陈树藩逐陆建章。”[③]陈树藩遂起兵把将军陆建章赶跑，宣布陕西独立。

6月6日凌晨，袁世凯意识到即将要离开人世，命人请来徐世昌、段祺瑞，嘱托了一番。旋即去世。同月28日，袁世凯的灵柩移往彰德洹上村，段祺瑞随专车执绋送葬。

段祺瑞自入小站新建陆军，一直忠心耿耿地为袁世凯效力，民国以后又扶保他做了总统。只因袁世凯猜忌他在陆军中培养自己的势力，削夺其权，才使他离心离德，最终公然反对袁世凯帝制自为。他的行为虽然掺杂着个人的利害得失，但在客观上却维护了共和制度，赢得了社会上的称赞。

---

① 张国淦：《中华民国内阁篇》，《北洋军阀史料选辑》上，第199－200页。

② 张国淦：《中华民国内阁篇》，《北洋军阀史料选辑》上，第200页。

③ 张一麐：《直皖秘史》，见《近代稗海》第4辑，第17、40页。

冯国璋：追随多年得不到一句真心话

冯国璋字华甫，直隶省河间县人，1859 年 1 月 7 日出生。1884 年投入淮军当兵。次年考入天津武备学堂，学习步兵。1888 年回原籍参加特设的数学附生科试，考中秀才。同年参加顺天府乡试，落第而归，又回天津武备学堂继续学习。由于学习刻苦，成绩优秀，1890 年毕业后留校任教。

当时淮军将领多以行伍起家，轻视军事学堂出身的人才。冯国璋不安于现状，1893 年前往聂士成军中效力。曾随聂士成赴东三省边境考察和测绘地形，协助编撰《东游纪程》，深受聂士成赏识。1894 年 6 月，随聂士成出兵朝鲜，同日军作战，因功受到奖励，免选本班补用知县。次年 1 月，随聂军移驻山海关，任该军军械局督办。甲午战争结束后，聂士成保荐其充当驻日公使裕庚的随员。在日本期间，他结交了日本军界的要员，博览大批近代军事著作，抄录整理了大量有关军事训练和近代军事科学发展的资料。1898 年三年期满回国，裕庚奏保他为候补知州。他将整理的军事资料呈送聂士成，聂士成未太注意，又转呈新建陆军督办袁世凯。袁世凯急需军事人才，见到军事资料，“以为鸿宝也”[①]，将其招到小站，任为督操营务处帮办兼步兵学堂监督。不久，又升其为督操营务处总办，成为“北洋三杰”之一。

1899 年，新建陆军改称武卫右军。12 月，袁世凯署理山东巡抚。冯国璋随军到山东，奉命改编山东的旧军，组成武卫右军先锋队二十营，并一度率队在德州一带围追堵截义和团。经袁世凯奏保，升为补用知府。

1901 年 11 月，袁世凯署理直隶总督兼北洋大臣，冯国璋亦随去直隶。袁世凯在保定设立军政司，任冯国璋为教练处总办。冯国璋除负责本处事务外，还创办了一些军事学堂。袁世凯请奖他免补补用知府本班，以道员分省补用。1903 年 12 月，袁世凯又推荐他任清政府练兵处军令司副使。1905 年 8 月，署理军学司正使。1906 年，充任陆军贵胄学堂总办。

1909 年 1 月，袁世凯被罢官后，冯国璋仍然与其暗通音信。继而军咨府成立，冯国璋任军咨使，负责办理日常事务。曾条陈时事数万言，但未被采纳。于是他“钳口结舌，随声画诺，不复言天下事矣”。[②]

1911 年 10 月 10 日，革命党人在武昌起义。14 日，载沣任袁世凯为湖广总督，督办剿抚事宜。但袁世凯并未立即出山。冯国

① 张一麐：《故代理大总统冯公事状》，《辛亥人物碑传集》，第 304 页。
② 张一麐：《故代理大总统冯公事状》，《辛亥人物碑传集》，第 306 页。

璋不知其意，写信询问。袁世凯答复说："鄂军全变，各路援军极少，兄纵前往，无兵节制，赤手空拳，用何剿抚？至北去各军，均归荫帅（荫昌）统辖，兄仅有会同调遣之权，执事自应禀承荫帅办理一切。兄现拟请增调北洋续备军，编练应用，倘蒙部允，即须力疾督饬迅速成营。"[①] 冯国璋读后便了然于胸了。

20日，袁世凯致电内阁，要求令冯国璋迅赴彰德，筹商一切。冯国璋到后，袁世凯告诉他：乱党颇有知识，势力很大，"非筹备周妥，计出万全，断难督师进攻"。[②] 授意他"慢慢走，等等看"。之后，袁世凯又电奏派冯国璋充第一军总统，迅赴前敌，调第二军陆续开拔，派段祺瑞为总统。27日，载沣召回荫昌，授袁世凯为钦差大臣，所有赴援各军，均归其节制调遣。袁世凯密令冯国璋进攻汉口。11月1日，北洋军占领汉口，奸淫掳掠，放火焚烧，玉带门一带繁华之处皆成灰烬。这一暴行遭到中外各界人士痛诋，资政院一致要求严治纵容者之罪。清政府命袁世凯查办。袁世凯非但不加查办，反而密电冯国璋，为其撑腰打气，说："该士兵等奋勇苦战，颇为各国嘉许。"但又告诉他不能被几个败类玷辱了军人名誉，"望通饬各营，整顿纪律"。[③] 后来电告清政府，把北洋军的罪行几乎完全推脱掉。

---

① 全国公共图书馆古籍文献编委会编：《袁世凯未刊书信稿》下，第1572页，中华全国图书馆文献缩微复制中心出版，1998年。

② 中国第二历史档案馆编：《中华民国史档案资料汇编》第1辑，第190页，江苏人民出版社，1979年。

③《中华民国史档案资料汇编》第1辑，第207页。

袁世凯进京就任内阁总理大臣后，电令冯国璋收复汉阳。11月27日，冯国璋指挥北洋军攻占了汉阳。次日，袁世凯奏请赏其二等男爵，以奖其功。冯国璋请求乘胜渡江，一举攻克武昌。袁世凯意在利用民军要挟清廷，没有批准。12月袁世凯委派唐绍仪为总代表前去与民军和谈，奏请将主战的冯国璋调任为第二军总统、禁卫军总统，段祺瑞为第一军总统。冯国璋遂回北京。

1912年1月1日，孙中山在南京就任中华民国临时大总统。2日，以直隶提督姜桂题领衔、冯国璋列名第二的十五名将领致电内阁代奏："我北方将士十余万人均主君宪。现奉懿旨，将君主民主付诸公决。然革党强横，断不容有正式选举，则必仍徇少数人私见，偏主共和。我将士往返电征意见，均主死战。"[①]据冯国璋说，此电事前并未与他会商，发电以后才告诉他。但对支持危局，不认共和，均已表同情于先了。[②]说明他是承认此电的。

禁卫军有两协，基本上都是八旗子弟，强烈反对清帝退位，是保卫清王朝的一支劲旅。冯国璋过去曾任贵胄学堂总办，与王公亲贵的关系较好，加以被封为二等男爵，不承认共和，王公亲贵认为他效忠清室，颇为信赖。在袁世凯加紧逼宫之际，许多亲贵高揭君主立宪的旗帜，推举他为君主立宪会会长。

1月26日，段祺瑞等将领致电内阁代奏，要求明降谕旨，定为共和政体。袁世凯力劝冯国璋赞成共和，放弃君主立宪。冯国

① 《宣统三年十一月十四日直隶提督姜桂题等致内阁电》，《辛亥革命》5，第317页。
② 《宣统三年 × 月 ×× 日冯国璋致内阁华世奎函》，《辛亥革命》5，第318页。

璋迫于大势，不再主战。而有些旗汉军民仍持反对态度，他们致函冯国璋说："袁世凯与革党议和，待以敌国之礼，司马昭之心，路人皆知。军民之意，与革匪决仗，乞主持大计。"[①]冯国璋感到左右为难，奏请开去禁卫军总统差使。袁世凯没有批准，令其去做说服工作。冯国璋只得对禁卫军讲演共和的道理，"分向各王公竭力游说，劝其和平了结"。[②]由于他日夜开诚劝导，又力争皇帝尊号仍存不废，优待皇室条件和待遇满蒙回藏条件，并担保两宫保全及禁卫军待遇，终于使"军心感化"，接受了劝告，使清帝得以顺利退位。

3 月，袁世凯就任临时大总统，任冯国璋为总统府军事处长，仍兼禁卫军军统。9 月 8 日，又任其为直隶都督，旋兼署民政长。

1913 年 3 月 22 日，宋教仁被刺身亡，国民党人扬言要打倒袁世凯。袁世凯部署军事力量，准备向国民党人摊牌。5 月 13 日，冯国璋与一些都督发出通电，指斥"黄兴、李烈钧、胡汉民等，不惜名誉，不爱国家，谗说殄行，甘为戎首。始以宋案牵诬政府，继以借款冀逞阴谋"。并表示："倘有不逞之徒，敢以谣言发难端，以奸谋破大局者，定当勠力同心，布告天下，愿与国民共弃之。"[③]19 日又与八十一名高级将领发出通电，声言："我辈军人，向不入党，只知有国，不知有党；只问乱不乱，不问党不党。

① 《大树堂来鸿集》，《近代史资料》总 60 号，第 183 — 184 页。

② 《汪荣宝日记》宣统三年十二月九日。

③ 《张凤翙等七督责骂黄兴李烈钧胡汉民通电》，《民国政争与二次革命》上，第 406 — 407 页。

如有倾覆政府、破坏共和之人，我军人枕戈而待，不敢言劳。”[1]公然向国民党人示威。不久，又与各都督、民政长联合发出通电，反对推翻借款。继而密电袁世凯，将国民党的江西都督李烈钧撤职，并令陆军、参谋两部，分电各省，妥为戒备。袁世凯见其“力关大局，无任嘉慰”，复电告以：“所陈一切，已均筹备。”[2]6月9日，即以李烈钧无术维持，不孚众望为由，免去其江西都督职务。

7月12日，李烈钧在江西湖口向袁世凯的军队发起进攻，国民党的“二次革命”开始。15日，黄兴就任江苏讨袁军总司令，宣告江苏独立。袁世凯立即授张勋为陆军上将，旋又任为江北镇抚使，令其督队猛攻讨袁军。18日，任命冯国璋为第二军军长。23日，再任为江淮宣抚使。继而令张勋率部由水路进攻镇江；令冯国璋率部由津浦路南下进逼浦口，然后会合攻取南京。28日，黄兴因讨袁军败北，只身出走上海。江苏都督程德全马上宣告取消独立。袁世凯密令冯国璋、张勋，对取消独立的军队一律勒令缴械，将其首领枪毙，倘持械观望，以叛军论；不论江苏是否取消独立，都必须迅速占领南京。冯国璋、张勋督师星夜兼程前进，经过几次恶战，终在9月1日占领了南京，江苏的“二次革命”失败。

江苏都督的位置袁世凯本是留给冯国璋的，但在进攻南京时，张勋部首先攻入，袁世凯只好暂时作罢。9月3日，任命张勋为

① 《北洋军人辱骂元勋伟人通电》，《民初政争与二次革命》，第411—412页。

② 《赣案密电簿》，《近代史资料》总75号，第135页。

江苏都督，授其勋一位，授冯国璋一等文虎章。

9 月 10 日，冯国璋回到北京。袁世凯知道他在夫人死后一直没有继室，为进一步笼络他，特设宴招待，介绍家庭女教师周砥与其订婚。

10 月 6 日，袁世凯当选为正式大总统。他得知宪法起草委员会拟出的天坛宪法草案不利于自己，立即提出增修《约法》草案等等要求，均遭到拒绝。遂通电各省文武官员，说宪法起草委员会中多为国民党员，所拟的宪法草案妨害国家者甚多，务望共抒谠论，迅速电复。授意群起反对。

此电一出，冯国璋积极响应。10 月 28 日，他与直隶民政长刘若曾发出通电，列举宪法草案之误谬，指出必须详加修改。11 月 3 日，在通电中又强硬指出：主持宪法起草的国民党人主张奇谬，破坏三权鼎立原则。“应请大总统明发命令，将该国民党本支各部通饬一律解散。”[①] 在他和各省文武官员叫嚣之下，袁世凯下令解散了国民党，派军警收缴国民党议员的证书、徽章，使国会因人数不足而陷于停顿。为了奖励冯国璋，也为了使其感恩戴德，袁世凯以张勋的辫子军在攻进南京时杀死日本人，用外交压力迫使其就任长江巡阅使（驻徐州），任命冯国璋为江苏都督。

1914 年 1 月 18 日，冯国璋与周砥举行婚礼。袁世凯替周砥置办许多妆奁，并派一位保姆作为陪嫁的老妈，命人送去南京就婚。冯国璋与袁世凯有多年的袍泽关系，加上夫人周砥这层关系，

---

① 转见吕伟俊、王德刚:《冯国璋与直系军阀》，第45—46页，河南人民出版社，1993年。

他们之间愈益亲密。周砥有时回到北京，还把袁家当娘家走动，袁世凯的儿女们也对她改了称呼，叫她四姐。

2 月 4 日，冯国璋与多名地方长官一起发出通电，解散各省议会。袁世凯又授意实行总统制。冯国璋竟然提出："应于世界上总统、总理之外，别创一格，总统有权则取美（国），解散国会则取法（国），使大总统以无限权能，展其抱负。"[①]极力迎合袁世凯。

6 月 30 日，袁世凯下令裁撤各省都督，设立将军，任命冯国璋为宣武上将军，督理江苏军务。

1915 年袁世凯与日本交涉"二十一条"时，冯国璋曾通电反对。不久，社会上开始传说袁世凯将要帝制自为，冯国璋以为他"为当世人杰，未肯轻信，因具密启畅论时局，中多讽谕。"[②]6 月下旬，帝制风传极盛，冯国璋同梁启超一起进京摸底。

首次见袁世凯，冯国璋就试探说："外间传说，大总统欲改帝制，请预为秘示，以便在地方着手布置。"

袁世凯十分严肃地回答："我绝对无皇帝思想，袁家没有过六十岁的人，我今年五十八，就做皇帝能有几年？况且皇帝传子，我的大儿子克定残废，二儿子克文假名士，三儿子克良土匪，哪一个能继承大业？你尽管放心。"又亲热地对冯国璋说："北洋军队暮气沉沉，有事时便不能用，你在南京要好好整顿。我们自家

① 转见李宗一：《袁世凯传》，第 272 页，中华书局，1980 年。
② 张一麐：《故代理大总统冯公事状》，《辛亥人物碑传集》，第 308 页。

人总当团结，保持我们的实力。”[①]

后来冯国璋又谒见两次，每次均谈及帝制问题，袁世凯指天誓日，力辩其无。冯国璋虽然见其信誓旦旦，还不敢信以为真，退下来去找颇有私交的政事堂机要局局长张一麐，转述了袁世凯的话，问他有何看法。张一麐说：“老头儿初无自帝之志，二、三子逢君之恶。此何等事，稍有常识者皆知其不可为，况精明如此老耶？”冯国璋又把张一麐的话告诉梁启超，梁启超也相信了，说：“聪明人哪得做懵懂事？”[②]

7月6日，冯国璋向人透露了袁世凯的谈话，以证明帝制乃系谣言。上海《申报》为此刊载了一则简短的消息。9日，《申报》又刊载了《总统对于国体问题之谈话》：

袁世凯说：“外间种种风传，余亦略曾闻见，有谓此事由余主动者，亦有谓儿子克定主动者。此种风说，误会之至。然此风说之所由起，亦自有其原因：盖一则因余自辛亥办理共和之际，颇恐中国历史及国民程度与美、法诸国有所不同，改为共和，究竟与国家根本如何，不能无所怀疑。与人论及时局，或不免偶尔流露此种意思，因之外间易生误会。此其一也。二则因封爵问题，外间或以封爵即为改革国体之先声。不知共和国家，虽以不设阶级为原则，但我国今日系五族共和，一律平等，满、蒙、回、藏

① 张国淦：《洪宪遗闻》，《文史资料选辑》第1辑，第136页。

② 陶菊隐：《近代轶闻》，见《民国笔记小说大观》第1辑，5，第90页，山西古籍出版社，1995年。

均有封爵，而汉人独否，是亦不平等之甚矣！今《约法》既规定大总统有颁赏勋爵之权，故余以为汉人中之有功民国者，实当然有受封爵位之权利，故余久已决定施行此典；唯以外间多所误会，是以暂行停办。然他日亦必须依法施行，外间切不可因此又妄加揣测。此又其一也。以余今日之地位，其为国家办事之权能，即改为君主，亦未必有以加此！且所谓君主者，不过为世袭计耳。而余之大儿子克定方在病中，二儿子克文不过志在做一名士，三儿子更难以担任世务，余者均年极幼稚。余对于诸子，纵予以一排长之职，均难放心，乃肯以天下重任付之耶？且自古君主之世传不数世，子孙往往受不测之祸，余何苦以此等危险之事，加之吾子孙也！”

语至此，冯国璋插言道：“南方一带闻改革国体之说，并非不肯赞成，但多以时间问题，尚有可研究之处耳。他日者，大总统将中国办到转弱为强之际，则天与人归，恐大总统虽欲逊让，亦有所不得耳。”

袁世凯正言厉色说：“闻君此言，仍是在余身上打主意！余之四、五儿子在英留学，余已饬在英国购有少许田园，设他日有以此等事逼余者，则余唯有径赴外邦，营菟裘以终老耳！”

其态度何等明朗、坚决！

冯国璋在京期间，袁世凯优礼相加，每逢吃饭，不是派人送去牛奶，就是红烧猪肘子，甚或几个大馒头，凡冯国璋爱吃的均送去，另送冯国璋的夫人许多礼物，完全待如“自家人”。但对这个“自家人”，袁世凯却不讲一句真心话。接见冯国璋时，他说得那么亲热，可是回到楼上，便连声叫嚷：“冯华甫岂有此理！冯华甫岂有此理！”①

7月10日，冯国璋出京。过了一个多月，杨度等人发表组织筹安会宣言，公开鼓吹帝制。冯国璋打电报询问张一麐，得到了肯定的回答。他始知受骗，气愤地对人说：“我跟老头子这多年，牺牲自己的主张，扶保他做了元首，对我仍不说一句真心话，闹到结果，仍是帝制自为，传子不传贤，像这样的曹丕（指袁克定），将来如何侍候得了？徒然叫我两面不够人，怎不令人寒心！”②从此，他与袁世凯的关系逐渐疏远。

冯国璋与段祺瑞一样，是袁世凯夺取全国政权的左膀右臂。若论地位、资历、威望，在共和制度下，他也有登上权力顶峰的可能，改为帝制，非但当总统无望，还要向袁世凯称臣，因此，他在内心深处极为反对。袁世凯对他直接掌握军权很不放心，采取了许多防范措施。冯国璋见其不再相信自己，更加不满。9月以后，帝制派策动各地上书劝进，他见大势所趋，为了保住自己的名利地位，也违心地加入其中，但态度非常消极。袁世凯派人前去游说，他也不明确表示拥戴袁世凯称帝。

12月12日，袁世凯下令承认帝位，次日接受了百官朝贺。18日，任命冯国璋为参谋总长，催其进京就职。冯国璋托词有病

① 袁静雪：《我的父亲袁世凯》，《文史资料选辑》第74辑，第149页。

② 恽宝惠：《谈袁克定》，《文史资料选辑》第26辑，第141页。

不去，并策动江苏军民电请挽留。袁世凯只得允许他在南京“遥领”。21 日，册封他为一等公。

25 日，蔡锷等宣告云南独立，组织护国军，讨伐袁世凯叛国称帝。袁世凯又惊又气，任命冯国璋为征滇军总司令，令其率军前往镇压。冯国璋不敢公然反对帝制，也不愿与护国军为敌，于是称病请假。但见各省长官争相表态，又不得不随声附和。1916 年 1 月 4 日，他领衔发出通电说：“滇省恃凭险阻，发难称兵，国璋等初为息事宁人起见，曾合词剀切诘责，促其返［反］省。乃静候数日，仍未答复。是其兴戎负固，甘心背叛，拂全国之公意，冒天下之不韪，逆迹昭著，情势显然。……国璋等以身许国，遑恤其他，誓当执殳前驱，灭此朝食。谨厉兵秣马，候命进行。”[①]

1 月 7 日，袁世凯命令各省简拔精锐，听候调动，并对驻防地面严密戒备。9 日，冯国璋与巡按使齐耀琳致电政事堂和统率办事处说：“乱党无隙可入，地面安静如常”，“如能定期举行巨典，则名分大定，尤足鼓舞军心。”[②] 竟请袁世凯举行登极大典。

尽管如此，袁世凯听说冯国璋幕府中有人与“乱党”秘密联系，对他仍极猜忌，派内史监阮忠枢前去做他的工作，后命刘恩源到南京送去一封亲笔信。

冯国璋接读以后，2 月 13 日复信如下：“皇帝陛下圣鉴：敬陈者。刘恩源来，交到圣谕手书，开封敬读未毕，不胜惶恐万分。

① 《政府公报·公电》，1916 年 1 月 23 日。

② 《政府公报·公电》，1916 年 1 月 19 日。

细思书中词意，知其间又有是非之口在内。……溯自帝制问题发生以来，始则臣以为时机太早，筹备未周，且非法定机关所宣布，恐日后阻力横生，当时曾有不同之说。迨云南事起，改革已定，又知非早颁明诏，不足以速平逆乱，是以首先通电，有早登大位之请。以上事实，皆臣本署文武各员所同意者。后有谓臣幕员中有通乱之人，阮内史监来宁，述知此意，即命密查，实无其事。然无论事之有无，已将微受嫌疑者或自退，或婉谢，均一律清楚［除］，想不至再有出入。嗣后办事，臣当格外谨慎，少见人，少说话，杜是非之口，安自己之心，服从命令，不为外人暨乱党所谣［摇］惑，以慰我皇帝深宫眷念之至意。再，臣本无文，不谙规矩，临禀惶恐，伏枕叩言，并仿武官对天誓愿之意，以证自己之心，伏祈圣鉴。臣国璋顿首谨叩。一、国璋无野心。二、国璋不受党人运动。三、国璋不受外人运动。四、国璋在官，服从命令；不在官，为良民。以上四项，生死守之。”① 他在信中称袁世凯为皇帝，自称为臣，并赌咒发誓效忠，表现得极为恭顺和“惶恐万分”。然而，这些都是表面现象，事实上他对袁世凯更加怨恨了。旋即电辞征滇总司令，并拒绝参谋部次长田中玉到南京组织征滇后援军。看到护国军节节胜利，2 月 23 日袁世凯公开宣布从缓办理帝制，他便在暗中加紧了与护国军和北洋军的联系。

3 月 15 日，广西继贵州之后又宣布独立。各省反对帝制的声浪越来越大。前线的北洋军士兵被打得惊惧万分，普遍厌战。冯

① 《北洋军阀史料》1，第 614 — 618 页。

国璋断定袁世凯必定失败，决心与其决裂。19日，他与山东将军靳云鹏、江西将军李纯、浙江将军朱瑞和长江巡阅使张勋向各省发出请速取消帝制，惩办祸首，以安人心的密电，征求意见，实际上是让各省将军联名，增加声势。直隶巡按使兼督理军务朱家宝接到此电，即密呈袁世凯。袁世凯看过电文，惊惧得说不出话来。四川前线的北洋军又被护国军打得大败。袁世凯无计可施，被迫于3月22日宣布撤销帝制，但又自封为总统。

帝制撤销后，冯国璋以江苏地方重要，未能兼顾，呈请开去参谋总长。又以调停人的身份致电袁世凯："南军希望过奢，仅仅取消帝制，实不足以服其心。就国璋观察，政府方面须于取消帝制而外，从速为根本的解决。……望政府回想往事，立即再进一步，以救现局。"[①]暗示其应该下台。为促使袁世凯下台，4月16日他又致电徐世昌、段祺瑞，首先指出："帝制发生，未及数月，以致舆论大变。从前原案虽已撤销，初无裨于毫末，岂群情趋向转移无常，实缘威信既堕，人心已涣，纵挟万钧之力，难为驷马之追。"接着又发了许多怨言，最后讲："中枢已渐废纪纲，官吏将不循法度。至财政之困窘，军心之懈怠，外交之困难，物议之沸腾，事实昭然，无可讳饰。大总统果能举此数者，胥以旋乾转坤之手段，整齐而操纵之，地位保存，片言可决。若察时度理，见为无术挽回，无宁敝屣尊荣，亟筹自全之策，庶几令闻可

① 《三水梁燕孙先生年谱》上，第332页。

复，危险无虞。苟长此迁延，棼丝不断，渐流横溃，防御终穷。”[1]赤裸裸地要求袁世凯下台。

为保住总统地位，袁世凯再派阮忠枢到南京劝说冯国璋联合未独立各省，通电拥护他，向护国军示威。

当时讨袁的烈火已成燎原之势，逼迫袁世凯下台的呼声响彻云霄，正是进行取袁世凯而代之的大好时机，冯国璋更不肯再做袁世凯的工具，于是提出，可考虑召集未独立各省在南京开会，商量对时局的意见。袁世凯估计他根本驾驭不了未独立各省，而自己正好把下台问题推给会议去解决，以便拖延时日，遂表示同意。

冯国璋召集南京会议，目的在于操纵未独立各省，南胁护国军，北迫袁世凯，利用护国军倒袁，依靠北洋派抵制护国军，在护国军与袁世凯之间造成一个举足轻重的第三种势力，坐收渔人之利。因此，人民因其不赞成帝制曾对之寄予的一点儿同情马上消失，并揭露了他的真实面目，北洋军阀亦对之大加责难。

南京会议在 5 月 18 日正式召开。17 日，袁世凯特电冯国璋、张勋、倪嗣冲说：他决无贪恋权位之意，惟望将善后办法切实研求，使国家得以安全。21 日，又致电冯国璋说：“退位一事，无论何时，均可实行。唯望于善后策讲求完全方法。”[2]表面上对会议很为重视，实际上数日前阮忠枢等便奉其命游说张勋进行破坏

① 《冯国璋致段祺瑞徐世昌等劝袁世凯退位电》，《讨袁史料》2，第 567 — 568 页。

② 《致南京宣武将军冯国璋》，《袁世凯全集》第 35 卷，第 469 页。

了。在张勋和倪嗣冲的破坏下，会议遂以无结果而告终。

袁世凯对冯国璋的所作所为极其痛恨，据报纸刊载，他对王士珍直言不讳地说："今日大事破坏，皆我自己失计。冯国璋当日因擅添禁卫军事，即已变心，背地颇多怨余之言。余闻之不惟不究，反赠以像片等物，以固其心，并听其出守南京要地。初以南京乃冲繁之地，冯性粗率，此去必不能与地方融洽，讵知竟能相安。此后欲再减除彼之权势，遂不能矣。我心虽懊悔，已属无可如何，然终不料其叛我至此地步。滇、黔反侧，远在边地，尚非紧要，浙［桂］粤之变，余亦另有把握。最可恨者，冯乃我手下最有力量之人，彼竟公然宣布叛言，遂使各省皆为摇动，大事益为棘手，令予进退维谷。至退位之法，予筹之已熟，即求优待条件，亦甚易易。但由冯、段等挟持而退，或挟持而留，人必以魏晋故事相讥笑，予岂肯为之。此次南京会议，明为北方势力，实不啻由予手中攘夺大柄。其结果，予早洞悉，曾筹有对付彼二人之计。最可笑者，冯国璋以南京为负固之地，添兵于前，调兵于后，纵令南京成为金城汤池，总不能以南京为都城。余终不令冯坐享功，届时离去南京，猛虎失势，为力无几。即令不然，段、冯二人亦必堕其信用，无发言价值。况财政一端，亦足制彼等死命乎。"[①] 但他还极其虚伪地请冯国璋出任国务卿："段（祺瑞）国务卿力请辞职，恐难挽留。现下国步艰危，险象四伏，非老成忧国之士，讵能挽救时局。中流砥柱，舍公谁属，请即来京担任国

① 《与王士珍之谈话》，《袁世凯全集》第 35 卷，第 537 页。

务，保全大局。”[1] 冯国璋当然不会被调虎离山。

6月6日，袁世凯在全国人民的讨伐声中忧惧而死。冯国璋得知，对家人说这是“一件大喜事”[2]。

冯国璋是袁世凯一手提拔起来的，也是受到信任和重用的。他与袁世凯的裂痕发生在1915年6月受到欺骗以后。虽然他在南京会议上别有用心，但并非想当皇帝，无论如何，他在反对袁世凯称帝上还是起了相当大的作用的。

① 《致冯国璋请任国务卿电》，《袁世凯全集》第35卷，第537页。

② 转见吕伟俊、王德刚：《冯国璋与直系军阀》，第64页。

赵秉钧：效犬马之劳的特工头子

赵秉钧字智庵，河南省汝州人，生于1859年。1878年投入左宗棠军，随军平定新疆阿古柏之乱。1883年，以在伊犁参加勘划中俄边界有功，被保以巡检遇缺即补。1889年改捐掌管缉捕和狱囚的典史，分发直隶省，从事警务工作。其后当过几任小官。1900年李鸿章任直隶总督后，委任他为淮军前敌营务处兼统带巡捕三营，镇压义和团。他“劝惩兼施，众心帖服，地方赖以安谧”。[①]升为候补直隶州知州。

1901年11月，袁世凯接任直隶总督，时当义和团暴乱之后，社会极不安定，八国联军正占领天津。袁世凯知道赵秉钧“智略兼优，长于缉捕”，“屡以擒获剧盗著称”，又是河南同乡，令他在保定创办巡警。他参照外国的成法，创设警务总局，并开办了警务学堂，城厢内外，盗贼敛迹。以后袁世凯又调他为天津巡警

① 沈祖宪辑录：《养寿园奏议辑要》卷35，第6页，项城袁氏宗祠藏版，1938年。

局总办。天津华洋杂处，处理问题尤其困难。他划分区域，清查户口，督率官弁兵丁昼夜巡守，使市民安居乐业，交涉案件亦皆能持平办理。[①]1902年10月，袁世凯奏保他以知府仍留原省补用，并加盐运使衔。其后将保定巡警学堂并归天津，改称北洋巡警学堂，聘请洋人充当教员，培养巡警官弁。又增添了河巡、马巡、暗巡和消防队。

袁世凯对赵秉钧更加赏识，1904年12月甄别时，给他出具的评语是："心精力果，胆略兼优，堪以留省。"[②]继而奏保他为候补道员。1905年9月，又奏保他交军机处存记。赵秉钧对袁世凯的提拔之恩感激涕零，百依百顺，死心塌地为其卖命，成为袁世凯极为得力的一个帮手。

1905年9月24日上午，奉命出洋考察政治的五大臣镇国公载泽、户部侍郎戴鸿慈、在军机大臣上学习行走的徐世昌、湖南巡抚端方和商部右丞绍英由北京正阳门火车站启程，突然遭遇炸弹爆炸，载泽受伤甚轻，绍英稍重，此外死伤十余人。外务部会办大臣兼步军统领、管理工巡局事务的那桐当即命令有关部门缉拿凶犯，并打电话对袁世凯说："京城巡警，创办不久，难期得力。天津巡警，素著名誉，此案非天津警局莫办，应严饬赵道（指赵秉钧），迅速破案。"袁世凯立即严令赵秉钧："此案所关甚巨，两宫震怒，务须督饬弁兵，迅速拿办！但能破案，不愁无破格之

---

① 沈祖宪辑录：《养寿园奏议辑要》卷35，第6—7页。

② 《甄别候补道赵秉钧片》，《袁世凯全集》第13卷，第26页。

升迁；否则，定当严参不贷！”“并限定二十日内，破获刺党。如逾期不能破获，巡警弁兵，自上而下，一齐治罪。”①

赵秉钧立即带着最有经验的干练侦探二百人，乘坐专车急如星火地赶往北京。经过勘验作案现场，他断定施放炸弹者系临时混入行凶，凶手就是当场牺牲的人（革命党人吴樾），回来向袁世凯作了汇报。袁世凯同意他的判断，并以此事为由头，建议清政府设立巡警部，用以维持治安，清查户口，预防革命党人潜伏。在袁世凯的推举下，徐世昌被任为该部尚书，赵秉钧署理右侍郎。赵秉钧到京以后，除了监视人民外，还监视达官贵人的言行和宫廷的动静，随时密报袁世凯，成为袁世凯的特工头子。1906 年 11 月巡警部改为民政部，赵秉钧仍任右侍郎。

1909 年 1 月 2 日，摄政王载沣将袁世凯罢官。3 月，因赵秉钧是袁世凯的亲信，又借京察的机会，令其退休。此后赵秉钧闲居天津，与在彰德的袁世凯保持着密切联系。

1911 年 10 月 10 日，革命党人发动武昌起义，迅速占领武汉三镇，成立湖北军政府。14 日，载沣被迫起用袁世凯为湖广总督，督办剿抚事宜。赵秉钧得知，立即前往彰德，与袁世凯进行筹划。27 日，载沣授袁世凯为钦差大臣。赵秉钧得知袁世凯将要南下视师，又到彰德为其送行，并报告了署理民政部大臣桂春打算尽诛京城汉人，招募旗籍巡警，人心惶惶的情形。袁世凯立即电告内阁总理奕劻。次日，赵秉钧被授为民政部大臣。送走袁世凯，赵

①《记袁宫保限破炸弹案事》，《中外日报》，1905 年 10 月 17 日。

秉钧回到北京，即日遣散旗籍巡警，人心始安，秩序得到恢复。

11月16日，袁世凯在京组成责任内阁，以赵秉钧为民政大臣。

袁世凯进京以后，赵秉钧极力助其夺取清廷的军政大权。1912年1月16日上午，袁世凯从宫内出来，遇到张先培等人的炸弹袭击。袁世凯即利用此事，从此称病不入朝，把逼宫的任务交给了赵秉钧和署理外务部大臣胡惟德、署理邮传副大臣梁士诒等人，自己躲在幕后操纵。

1月19日，胡惟德、赵秉钧、梁士诒参加御前会议，贯彻袁世凯将临时政府暂时设于天津的意图。赵秉钧提出，由于革命党力量强大，北方军队已不足恃，故袁世凯欲设临时政府于天津，与革命党开议，要王公亲贵讨论。问题一提出，王公大臣立刻看清了袁世凯的嘴脸，愤激异常，一致表示反对。胡惟德、梁士诒用财政困难、军费匮竭等各种理由进行说服，顽固的亲贵们根本不听这一套。赵秉钧凶相毕露地指斥王公亲贵会而不议，议而不决，声称再如此下去，就要辞职不干，说完扭头就走。胡惟德、梁士诒亦愤然离去。他们立即采取威胁手段，向隆裕太后同声奏请："人心已去，君主制度恐难保全，恳赞同共和，以维大局。"①隆裕太后吓得不知所措。

1月22日，袁世凯得知孙中山提出的议和最后解决办法，自己当总统有了把握，迫不及待地加紧了逼宫的步骤。赵秉钧予以密切配合，不仅密嘱守卫京师的提督姜桂题威胁王公亲贵，而且

---

① 《三水梁燕孙先生年谱》上，第105页。

收买太监小德张，天天以危言恐吓隆裕太后。

宗社党头子良弼是王公亲贵中最有军事才能的人，也是主战最力、嫉恨袁世凯最甚的人。对这样一个顽固分子，不仅北方革命党人视若仇雠，袁世凯同样把他看作眼中钉、肉中刺。26日晚，革命党人彭家珍用小炸弹炸断他一条腿，经外国医生施行手术，情况良好。第三天，正当他精神转佳之时，赵秉钧忽然推荐一名中医，进送止痛药酒一杯。他饮后不到一小时，即气促神昏，竟至死去。[①]

2月5日，段祺瑞等军人致电内阁，指斥王公败坏大局。恭亲王溥伟发了几句牢骚。袁世凯命赵秉钧等前去劝解。溥伟说："时事至此，余亦无法。但既忝列宗支，万无首倡废君退政之理，虽无政权，此时实难缄口。公等身为大臣，劝皇上降敌国尚不可，今乃劝皇上降乱民乎？"赵秉钧离去，故意放出口风，说要除掉他，吓得他急忙鼠窜而去。[②]

2月12日，清帝退位。14日，南京参议院选举袁世凯为中华民国临时大总统，请其驾临南京受职。袁世凯不愿离开北京，指使第三镇统制曹锟等于29日制造兵变，作为不能南下的借口。赵秉钧也密切配合，在兵变时传令全城巡警一律撤岗，不准干预。3月10日，袁世凯终于在北京就职。

4月29日，唐绍仪内阁成立，赵秉钧任内务总长。他对唐绍

---

① 常顺：《赉臣被炸追记》，《辛亥革命回忆录》6，第389—390页。

② 溥伟：《让国御前会议日记》，《辛亥革命》8，第115页。

仪出任总理很不服气，加以袁世凯支持，拒不出席内阁会议，拒不执行内阁的决议，甚至横生枝节，百般挑剔，处理重大问题，直接向袁世凯请示。唐绍仪主张用人宜新不宜旧，提出内务部应用几个同盟会员，表示新旧合作。赵秉钧坚决反对，说要害部门必须全用北洋旧人，甚至以率全体司员辞职相威胁，终于迫使唐绍仪让步。

6月，唐绍仪辞职，陆征祥出任国务总理。不久陆征祥遭到参议院弹劾，称病不出。8月20日，袁世凯任命赵秉钧代理国务总理。9月，国民党的二号领袖黄兴进京，他主张政党内阁，遍邀阁员入党，赵秉钧奉命加入了。后陆征祥辞职，赵秉钧为总理，仍兼内务总长，即将国务会议移至总统府，一切事务直接请示袁世凯办理，使责任内阁的精神完全丧失，成为总统的附属机关。

1913年，国民党在参众两院的选举中获胜，成为国会中的第一大党。岂料3月20日晚上，国民党代理理事长宋教仁在上海沪宁车站突然遭到凶徒枪击，22日因伤势过重逝世。袁世凯闻报，命令江苏都督程德全和民政长应德闳迅缉凶犯，按法严办。

时隔几天，应桂馨和武士英落网。通过检阅从应桂馨家中搜查到的物证和武士英的供词，黄兴认定暗杀宋教仁的主谋是袁世凯和赵秉钧，同谋犯是内务部秘书洪述祖，具体执行者是应桂馨，杀手是武士英。国民党中的一些激进分子在公开场合演说或在报章上著文，对袁世凯和赵秉钧予以猛烈抨击。在日本得知消息的孙中山回到上海，与黄兴等人研究对策。孙中山主张立即兴师讨袁。黄兴则“认为袁世凯帝制自为的逆迹尚未昭著，南方的革命军又甫经裁汰，必须加以整备才能作战，因而主张稍缓用兵，以观其变”[①]。最后决定组织特别法庭审理宋教仁被害一案。

在预审应桂馨时，牵涉到洪述祖。因其为内务部秘书，赵秉钧虑受嫌疑，命京师警察总监王治馨的秘书潘毓桂和探访局局长李寿金前往天津，将其带回。及至二人抵达天津，洪述祖业已逃往青岛。

4 月 24 日，武士英突然暴毙于狱中。在孙中山和黄兴的强烈要求下，25 日深夜程德全、应德闳发出通电，公布了搜查出来的与宋教仁被刺案有关的函电证据。

26 日，袁世凯通电说：“此次宋案发生，幸将正凶及牵连各犯次第破获，自应彻底追究，按法治罪。此是法律问题，与政治判然两途。好事之徒，不候法律解决，妄生谣诼，直欲使法律混入政治，以遂其破坏之计；又直欲借一二人暧昧之私，倾覆政府，动摇国本。此案既经公廨交还，已电饬程督（指程德全）先将牵涉洪述祖证据检出，专员送交部省，以便交涉。政府办理此案，既未一步放松，亦未稍形操切，无非按照法定手续，使外交方面勿生阻力，以成信谳而伸法纪。乃外间不察事实，动云某某指使，或则牵扯政府，或则指斥伟人，辗转传讹，挑动恶感。须知证据既在公堂，中外具瞻，谁能掩饰？”“若借故牵扯，希图扰乱，则

① 周震麟：《关于黄兴、华兴会和辛亥革命后的孙黄关系》，《辛亥革命回忆录》1，第338 页。

前途渺渺，非本大总统所敢知矣。”[①]

阅过公布的宋案证据，赵秉钧以为“有直接、间接关涉及于本总理者，有吠影吠声含射及于中央政府者，若不详为解答，诚恐以讹传讹，转滋误会”。28日特发出通电，申明与其直接有关的几个问题，证明他和中央政府与宋案无涉，认为“去宋之动机起于应（桂馨）之自动”，“洪（述祖）假政府名义诳诱应犯”进行。[②]

接着，袁世凯更十分严肃地发出通令说：“案中证据，亦据江苏都督、民政长有电撮要宣布，其原电所呈国务总理赵秉钧致应犯及洪述祖手书各一件，然一为发给该犯应密电码，一为该犯请领津贴，均属因公，无关宋案，已由该总理通电各省都督、民政长宣布，究竟有无关涉，应由法庭依法判决。教唆主使，国有常刑，无所庸其袒庇，亦无所庸其罗织案外无干之人，更不能互相揣测，谬为诋諆。乃近来迭接各处来电，竟指赵总理为宋案主谋，并称人心愤激，请速诛赵等语，阅之殊堪骇诧。查赵总理致应犯手书二件，初无一语涉宋，未经审判，尚难认为有犯罪嫌疑。即果犯罪属实，刑律既有明条，尽当依律科断，纯系法律问题，何能涉及政治？似此节外生枝，诚恐混淆观听，扰乱政局。为此明白宣示：宋案现既破获，一经法庭研鞫，有无主谋，自不难水落石出。各该案外之人，毋得飞短流长，借端挑拨，俾昭信谳，而释群疑。”[③]

---

① 《政府公报·公电》，1913年4月28日。

② 见《民初政争与二次革命》，第257－261页。

③ 《宋教仁被刺及袁世凯违法大借款史料》，第227页。

又声言：3月13日以后洪述祖与应桂馨往来函电中虽然“间有影射政府之处，然不近情理。即如‘毁宋酬勋’一语，最为可疑。抑知给勋手续甚繁，其由各都督所请，内有功绩不甚显著者，设评勋会公同评议。即中央授勋，亦先由评勋会讨论，再经铨叙局查明履历，撰制证书。造此电者不明事理，直同儿戏。即云‘毁宋’，有何理由？授何勋位？此种谰言，虽三尺童子，亦不足欺也。至公债票三百五十万，询据周总长（财政总长周学熙），洪（述祖）曾兜揽，知其人不足恃，却之。票有票据，抵押有押主，实事可征，绝无其事。其余应、洪二人互骗之语，政府岂能担任？”[①]

29日，上海地方检察厅票传赵秉钧到案受审。赵秉钧请病假，并呈请辞职，拒绝到案。袁世凯以段祺瑞代理国务总理。

5月3日，逃到青岛租界的洪述祖发出通电，声明他和应桂馨只是由于不满宋教仁搞党派专制而欲毁其名誉，根本没有谋杀之意；他在与应桂馨联系时假借了中央的名义，为的是促其进行。不仅为自己的罪行辩护，而且把袁世凯、赵秉钧开脱得一干二净。

6日，上海地方检察厅二次发出传票，请北京地方检察厅协助传赵秉钧归案。赵秉钧谓他与宋案无关，予以拒绝。

6月30日，赵秉钧上呈袁世凯：“自宋案以来，谣言四起，人心惶惑。”公布证据之后，“仍有多事之徒以此案作为制造争端之借口”。为此，请援照欧美各国成例，“指派德高望重、精通法律之中外人士，组成调查委员会，调查该案并据报闻”。当日，袁

① 徐有朋编：《袁大总统书牍汇编》卷7，第6—7页，上海广益书局，1926年。

世凯即下令设立调查委员会，由伍廷芳主持，命莫理循（澳大利亚人，袁世凯聘请的政治顾问）参加，对宋案进行调查。伍廷芳建议设立一个特别委员会。但莫理循对他说："在国外的任何国家中，不是土生土长的本国人去参加这种调查委员会的从未有过。""如果有个外国人参加了委员会，也增加不了国家的尊严。我认为这是对国家荣誉的一种反映，难道偌大中国，竟找不到一个公正无私的人？这个建议本身就是荒谬的。外国人定会讥笑中国，让一个外国人参加调查国务总理行为的委员会。"伍廷芳同意他的观点。莫理循还致函内阁，指出应当理智冷静地对待此事："国务总理赵秉钧先生要求由公正法庭调查案情这件事本身，就最好地证明了他是无辜的。可是，如果真按他的建议进行调查，事情闹到什么地步才能结束呢？不光是赵总理必须受到审查，南方的显要政治家们（指孙中山、黄兴等）也必须为把他们卷入案内的公职行为出庭解释，以驳斥对他们提出的那些含糊而缺乏事实根据的控告。我谨再次提出，为了国家的尊严和中国人民的荣誉，在目前时刻进行这种调查是不明智的。"[①] 大概由于这个原因，特别委员会没有成立。

根据从应桂馨家中搜出的手枪、子弹、函电等物，凶手武士英的供词，以及 1919 年北京政府大理院对洪述祖的判决，洪述祖和应桂馨合谋刺宋绝无疑义。

---

① 骆惠敏编、刘桂梁等译：《清末民初政情内幕》下册，第 179、190 — 194 页，知识出版社，1986 年。

赵秉钧和袁世凯是否为洪述祖的幕后主使人呢？这种说法诚然事出有因，一则公布的函电证据中涉及他们二人，二则除去宋教仁之后，他们是最大的受益者，具有明显的作案动机，嫌疑重大。宋教仁极力主张实行政党内阁制而反对总统制，如果他出面组织责任内阁，势必牵制总统的职权，对袁世凯不利，也使赵秉钧失掉了总理的位置。他们二人利害一致，都有可能指使洪述祖暗杀宋教仁。

然而，有作案动机和嫌疑并不等于必定杀人。赵秉钧在 4 月 28 日通电中的自辩基本上是可信的、合理的，均与刺宋无关，不能作为谋杀的确证。涉及袁世凯的两处函电同样如此。1914 年 1 月 19 日应桂馨在北京去天津的火车中被人乱刀砍死，袁世凯确有杀人灭口的重大嫌疑，但亦无任何直接证据证明是其所为。还有一个非常值得注意的事实是：作为与赵秉钧直接联系的当事人洪述祖在 1913 年 5 月 3 日发出的通电中承认，他假托了中央名义，使赵秉钧和袁世凯摆脱了所有干系。1917 年他被押解到北京后，直到 1919 年 3 月被处以绞刑，经过京师地方审判厅、高等审判厅和大理院几次审理，他始终没有供认刺宋是奉何人之命。现代刑法重视的是证据，实行疑罪从无、无罪推定的原则，即没有确凿证据证明有罪的，不得确认任何人有罪。如果此后发掘不出新的有力证据，刺杀宋教仁之案，就永远是个难解的谜了。

1913 年 7 月，国民党发动“二次革命”后，袁世凯批准赵秉钧辞去国务总理、内务总长，任命他为步军统领兼管京师巡警事务，维持治安，并为镶红旗汉军都统。21 日，又任命他为北京警备地域司令官。31 日，令赵秉钧传讯国民党干部人员，限三日内将黄兴、陈其美、李烈钧等一律除名，并自行宣布没有参与“逆谋”。12 月 16 日，任命赵秉钧为直隶都督。

袁世凯当上正式总统后，下令解散了国民党和国会。1914 年 2 月 4 日，赵秉钧领衔各省长官通电攻击各省省议会议事“唯知怀挟私意，壹以党见为前提”。提出应停止议员职务，发交政治会议议决。[①] 袁世凯遂根据政治会议议决，下令解散了各省省议会。

2 月 19 日，袁世凯又令赵秉钧兼任民政长。但时隔八天，赵秉钧在家中死去。

当时社会上多传说赵秉钧是看到应桂馨的可悲结局，有点愤愤不平，打电话对袁世凯发牢骚说：“如此，以后谁肯为总统做事！”而后中毒而死，意为是袁世凯命人将他毒死的。但据《申报》报道，赵秉钧 23 日得病，27 日死去。在其病后，总统府医官屈永秋奉命带着法国医生贝熙叶前往诊视，未能起死回生。屈永秋最后向政府报告：赵秉钧“所得系周身动脉硬变（心经尤甚）”，“其致命之原系心经衰弱，由于心脏神经痛症或血栓所致也”。[②] 可见传说并不真实。当然，屈永秋所下的结论也不一定绝对可靠。不过，缺乏铁证，也实难断言不可相信。

据 2011 年 9 月 19 日中国新闻网上一文说，1998 年 5 月 1 日

① 《发交政治会议议决解散各省议会令》，《袁世凯全集》第 25 卷，第 226 — 227 页。
② 《老新闻》，第 184 — 185 页，天津人民出版社，1998 年。

赵秉钧的后人赵纯佑写信告诉赵耀民，赵秉钧的死因真相为“中风”，非为袁世凯毒死。该信写道：“先祖（指赵秉钧）卒于1914年2月27日，实为2月26日亥（时）末子（时）初，应为阴历二月初二。因督署秘书长于27日始电报袁总统，原电谨称‘腹泻头晕，厥逆扑地’，并无‘七孔流血而死’。后人作传，妄加枝叶，引人猜疑袁（世凯）因涉有加害之嫌，指为北洋集团离心之始。其实他是死于中风，即今所谓脑溢血，倒卧于内寝室床头侧旁，这是当时家属亲见，并无吐血情形。”这个叙述或许更加真实，与屈永秋的报告也较吻合。

赵秉钧死后，袁世凯“痛悼”万分，立即派朱家宝和次子袁克文前往吊唁，下令照陆军上将例从优议恤，给治丧银一万元，派陆军上将荫昌和秘书长梁士诒先后前往致祭。并送去一幅祭幛，上题“怆怀良佐”四个大字；一副挽联写得十分感人，上联为“弼时盛业追皋益”，下联为“匡夏殊勋懋管萧”。其3月22日的祭文则写道：“夺我良佐，闻噩惊召，伤逝念功，至今郁陶！”[①]1915年1月，袁世凯恢复古代官制，追授赵秉钧为上卿。12月承认帝位后，又追封为一等公。

赵秉钧早期为袁世凯的重要帮手和特务头子，后期为其得力干将，一切唯袁世凯之命是从，效尽了犬马之劳。袁世凯对他也极器重，把他从一个低级官员一直提拔为国务总理。他们之间始终彼此信任，并无隔阂。

---

① 《袁大总统书牍类编》，第165页，上海会文堂书局，1926年。

奕劻：出钱或出力

奕劻，姓爱新觉罗，满族，1838 年 3 月 24 日生。其祖父永璘是乾隆皇帝的第十七子，生父为绵性。后过继别房为子。1850 年袭封辅国将军。两年后封贝子。1860 年晋封贝勒。1872 年赏加郡王衔，授御前大臣。1884 年晋封庆郡王，管理总理各国事务衙门，开始办理外交事务。1885 年，会同醇亲王奕譞办理海军事务。1894 年封庆亲王。

1900 年 8 月八国联军攻占北京，慈禧出逃后命奕劻留京会同李鸿章与各国议和。1901 年签订《辛丑条约》，总理各国事务衙门改为外务部，奕劻仍总理部务。

袁世凯任直隶总督之初，对朝中亲贵最注意的只有慈禧的心腹、首席军机大臣荣禄，与奕劻的关系相当一般。奕劻曾对人发牢骚说："袁慰亭只认得荣仲华（荣禄字），瞧不起咱们的。"1903 年荣禄卧病不起，京中传有奕劻将入军机的消息。袁世凯得知，立派杨士琦送上银票十万两。

奕劻初看银票以为眼花，仔细一看，确是十万，欢喜异常，对杨士琦说："慰亭太费事了，我怎样能收他的。"

杨士琦说："袁宫保知道王爷不久必入军机，在军机处办事的人，每天都得进宫伺候老佛爷。而老佛爷左右，许多太监们，一定向王爷道喜讨赏，这一笔费用，也就可观。所以，这些微数目，不过作为王爷到任时零用而已，以后还得特别报效。"

奕劻听了，不再客气。[①]

4 月 11 日，荣禄病故。第二天，奕劻当上领衔军机大臣。他自己署名"澹如斋"，在书画上都留有"澹如斋"的印章或"澹如斋主人"的字样。"澹如斋"的寓意，就是"澹泊如水""澹泊明志"，以此来表示自己的节操和胸襟。但实际情况恰恰相反。他以贪赃枉法、卖官鬻爵著称，无钱不要，无贿不收，少亦不嫌，多则更好，细大不捐，来者不拒，卖官皆有价目，直与交易无异。官员买官都得走他的门子，故其门如市，人们将他的府邸戏称为"老庆记公司"。袁世凯见他当上首席军机大臣，越发殷勤攀附，投其所好，"月有月规，节有节规，年有年规"，按时奉送。遇有奕劻及福晋（夫人）的生日，唱戏请客，及一切费用，甚至其子成婚、格格（小姐）出嫁、孙子满月和周岁，"所需开支，都由世凯预先布置，不费王府一钱"，较之首府、首县伺候督抚，皆有过之而无不及。[②] 据说，每年报效他的银子多达四十万两。

---

① 刘厚生：《张謇传记》，第 127—128 页。

② 刘厚生：《张謇传记》，第 128 页。

1903年12月，袁世凯建议在兵部之外设立练兵处，作为训练全国军队的领导机关，并极力推荐奕劻总理其事，想求得奕劻的卵翼。清廷立即任命奕劻为总理练兵事务大臣，袁世凯为会办大臣，铁良为襄办大臣。他们之间的勾结越来越紧密，逐渐形成一个集团，奕劻完全成为袁世凯的傀儡。“朝有大政，每由军机处问诸北洋。”[①] 以致梁启超等人号称天津为“第二政府”。

1906年9月底，御史陈田参奏奕劻、袁世凯“贪横专擅”，指出奕劻接受山东巡抚杨士骧贿银十万两，系经袁世凯之手，因此奕劻甘为袁世凯之傀儡。[②]

同年10月，应盛京将军赵尔巽之请，清廷命奕劻之子载振和徐世昌前去东三省查办事件。载振、徐世昌先到天津停留了几天，袁世凯招待备极殷勤，并派道员段芝贵等人跟随前往，进行保卫，协助调查。1907年1月，载振、徐世昌返回天津。袁世凯将二人接到中州会馆下榻，设宴洗尘，并与他们商讨了东三省的问题。

载振生长在骄奢淫逸的皇室贵族豪门世家，年方三十岁，获有贝子爵位，官居农工商部尚书，风流倜傥，既好渔色猎艳，又爱观剧。在中州会馆看戏时，见到一个色艺双绝、娇柔妩媚、风情万种的歌妓杨翠喜，这位贝子爷立即为之倾倒，心荡神摇，意乱情迷，想入非非，不能自持。段芝贵见他这种神魂颠倒的样子，以为奇货可居，机会到来，马上以一万二千两银子将杨翠喜赎出，

① 张一麐：《心太平室集》卷8，第36页，1947年。
② 《时报》，1906年10月5日、12日。

奉献给载振，曲意承欢。载振大喜，欣然受之。不久，段芝贵又从天津商务总会会长王竹林处借得十万两银票作为奕劻寿礼，贿买高官。

1907年4月20日，清廷改革东三省官制，宣布徐世昌为东三省总督兼管三省将军事务，唐绍仪为奉天巡抚，朱家宝为吉林巡抚，段芝贵赏给布政使衔，署理黑龙江巡抚。这些人尽属袁党，颁布之后，举朝哗然。

4月29日，由两广总督刚刚调补为四川总督的岑春煊突然抵达北京。他忠于朝廷，敢说敢干，不畏权贵，被人称为“肝胆总督”。他极端痛恨奕劻和袁世凯的所作所为，极想在慈禧和光绪面前详陈种种危迫情形，因而在赴任前突然进京。慈禧和光绪一连三日召见了他。他痛哭流涕地面奏：“近年亲贵弄权，贿赂公行，以致中外效尤，纪纲扫地，皆由庆亲王奕劻贪庸误国，引用非人。若不力图刷新政治，重整纪纲，臣恐人心离散之日，虽欲勉强维持，亦将挽回无术矣！”将打击的矛头直指奕劻、袁世凯集团，参劾大僚二十多人。又言：“臣不胜犬马恋主之情，意欲留在都中，为皇太后、皇上作一看家恶犬，未知上意如何？”要求留在北京任职，监视防备奕劻、袁世凯等胡作非为，保护朝廷。慈禧大受感动，5月3日授其邮传部尚书。同日，他又在慈禧面前参劾该部侍郎、奕劻的走狗朱宝奎，朱宝奎立即被革职。

奕劻、袁世凯对岑春煊的一举一动都倍加注意，心中惴惴不安。

5月7日，御史赵启霖上折狠参段芝贵和奕劻父子一本，并且涉及袁世凯。参折在叙述了段芝贵献杨翠喜、送寿礼的事实，袁世凯受段芝贵蒙蔽，将其由佐杂人员提拔为道员后指出：“在段芝贵，以无功可纪，无才可录，并未曾引见之道员，专恃夤缘，骤跻巡抚，诚可谓无廉耻；在奕劻、载振父子，以亲贵之位，蒙倚畀之专，唯知广收赂遗，置时艰于不问，置大计于不顾，尤可谓无心肝！不思东三省为何等重要之地，为何等危迫之时，改设巡抚为何等关系之事，此而交通贿赂，欺罔朝廷，明目张胆，无复顾忌，真孔子所谓是可忍孰不可忍者矣！”[①]

慈禧览折大怒，又听岑春煊以外边物议沸腾密奏，立即撤去段芝贵职衔，命醇亲王载沣、大学士孙家鼐确切查明，务期水落石出，据实复奏。并怒斥奕劻：“如是欺蔽朝廷，不如用麻绳缢死我母子为佳！”[②]奕劻惶惧万分，载振不知所措，急走天津，问计于袁世凯。

由于参折词连自己，督抚系自己所保，即使奕劻父子不想办法弥缝，袁世凯亦要极力包庇，何况又同奕劻狼狈为奸呢！故他告诉载振说，应先将杨翠喜送回天津，消灭实据，而后再设法转圜。载振依言而行。袁世凯遂把一切安排就绪。奉载沣和孙家鼐之命前往天津调查的官员什么真实情况也未得到；将有关人员提京面讯，亦无异词。5月16日，载沣和孙家鼐将调查情况复奏。

---

① 朱寿朋编：《光绪朝东华录》，总5660页，中华书局，1958年。

② 孙宝瑄：《忘山庐日记》下册，第1019页。

慈禧以赵启霖任意诬蔑亲贵重臣，将其革职。

尽管奕劻父子在袁世凯的大力庇护下安然无恙，然而已经沸腾的物议他们是无法平息的。为了缓和一下舆论，载振于赵启霖被革职后奏请开去一切差使。同时倍感袁世凯情谊深厚，与其结拜为盟。奕劻与袁世凯的勾结更为紧密了。其后，他们立即进行报复，发起反击，倾全力排挤打击军机大臣兼外务部会办大臣、尚书瞿鸿禨及其重要帮手、在军机大臣上学习行走的林绍年和岑春煊，在政界掀起一次大的风潮。

瞿鸿禨为官清廉，勇于任事，颇负清望，深受慈禧信赖。他对奕劻的贪婪昏庸和袁世凯的植势跋扈、结党营私深恶痛绝，同他们一直矛盾很大，积不相能。过去，袁世凯曾着意笼络过瞿鸿禨，但都碰了钉子。他知道瞿鸿禨不愿与自己同流合污，衔恨益深，立即向奕劻发出警告：必须把瞿鸿禨赶出军机处，否则必受其害。奕劻在任用私人问题上屡遭瞿鸿禨阻挠，早有驱逐之意。他们认为岑春煊之敢于自行入京，踔厉风发地参劾大臣，系瞿鸿禨指使；赵启霖之敢于上参折，亦得到瞿鸿禨和岑春煊的大力支持。因而便把一腔愤怒发泄到他们身上。又认为岑春煊一时难于扳倒，应首先将其排斥出京。奕劻遂以广东钦、廉、潮三府所属地方官府遭到袭劫为借口，奏请将岑春煊调任两广总督，从事剿抚。5 月 28 日清廷免去岑春煊的尚书之职，任为两广总督。他任尚书不及一个月，即被排挤出京。

岑春煊临行之时，又密疏参劾奕劻“甚烈”，慈禧颇为动心。

袁世凯极为担心“不日恐有变局”[①]。而慈禧也确有将奕劻免职的打算。一天，单独召见瞿鸿禨，谈了奕劻贪婪受贿的事情，并询问谁可继任其位，准备撤换，但意尚未决。可惜瞿鸿禨太不谨慎，回家后对其夫人讲了。夫人又告诉了别人。于是，英国《泰晤士报》便登出奕劻失宠、将要退出军机处的消息。驻京英国公使命夫人在慈禧宴请时得便问及。慈禧非常惊愕，心想此事仅对瞿鸿禨谈过，必然是他有意泄露，大为震怒。

奕劻听说自己将被黜退，亟谋对策。袁世凯闻讯大为恐慌。为了保住自己，他们便采取主动进攻的策略和血口喷人的诬陷办法，将打击的矛头集中指向瞿鸿禨。他们与农工商部侍郎杨士琦密谋，议定由杨士琦起草奏稿，贿买御史参劾。但御史们大都不屑做北洋的鹰犬，一概谢绝重贿。最后杨士琦找到热衷利禄而又不甚得志的翰林院侍读学士恽毓鼎，送其一万八千两银子，并允诺将其外放为布政使，要他具名参劾。恽毓鼎被收买后甘做枪手，立即奏劾瞿鸿禨“暗通报馆，授意言官，阴结外援，分布党羽”[②]。6月17日，慈禧下令将瞿鸿禨开缺。她之所以不经查实就下此令，主要不在于被参各节，而在于瞿鸿禨曾多次密请赦还康有为、梁启超，忤逆了她的意旨；而奕劻、袁世凯又乘机诬陷他主张归政光绪，触及了她最忌讳的事情。故以后虽未查出有被参各事，她也未收回成命。

---

① 中国第一历史档案馆档案：袁世凯致端方电，端方档，第354号。

② 《光绪朝东华录》，总5681页。

奕劻、袁世凯对岑春煊仍不放手，立意把他彻底搞垮。他们知道慈禧最恨康有为、梁启超，于是“密奏春煊曾入保国会，为康、梁死党，不可信”。继而蔡乃煌“侦得其情，思媚袁以求进”，让照相馆伪造了岑春煊与康有为合影的照片，献给袁世凯。“世凯大喜，交奕劻密呈太后，证为交通乱党。”[①] 慈禧对岑春煊的信任动摇了。8 月 10 日，恽毓鼎又上折参劾岑春煊“不奉朝旨，逗留上海，勾结康有为、梁启超、麦孟华，留之寓中，密谋推翻朝局，情迹可疑”，并“借日本以倾朝局”。[②] 这些全属诬陷不实之词，但却深深触动了慈禧之忌。12 日，将岑春煊开缺。林绍年也被赶出军机处，出任河南巡抚。奕劻、袁世凯在这次政潮中获得胜利。

袁世凯肆无忌惮地与奕劻紧密勾结，无所不用其极地排斥打击政敌，未免把自己阴险奸诈的嘴脸暴露得过于昭然，以致招来越来越多的参劾。8 月 15 日，湖北按察使梁鼎芬上折参劾奕劻贪私受贿，其附片则主要指向袁世凯。他说，袁世凯的许多心腹党羽之所以能够进入军机处或担任总督、巡抚、侍郎要职，皆由于“袁世凯言之，庆王行之”。袁世凯“权谋迈众，城府阻深，能谄人，又能用人”，完全是汉末曹操、晋末刘裕之流的人物。今“乃令狼抗朝列，虎步京师，臣实忧之”[③]。提醒清廷对他们结党营私加倍警惕。同月 24 日，御史成昌又上封奏，指出袁世凯的门生故

---

① 胡思敬：《国闻备乘》卷 3，第 12 页，退庐全书刊本，1924 年。

② 恽毓鼎：《澄斋日记》，光绪三十三年七月一日，稿本。

③ 《鄂臬梁鼎芬奏劾庆袁折片补录》，《神州日报》，1907 年 12 月 11 日。

吏布满天下，甚非国家之福。

一个接着一个的弹劾警告，使得慈禧疑虑丛生。9月4日，下令将袁世凯调任为外务部尚书兼军机大臣。同时被任命为军机大臣的还有湖广总督张之洞。

袁世凯当军机大臣没几天，慈禧召见时问他：奕劻是否“要钱”？他极力为之辩护，说：“蔡钧、盛宣怀为著名之大运动家，庆王尚不为所运动，以此证之，足见其清廉矣。”[①] 此时慈禧已是老态毕现，常常生病。袁世凯愈加勾结奕劻，党同伐异，争权夺势。还想通过奕劻活动，出任陆军部尚书，与满族亲贵争夺权力，但未得逞。

1908年9月15日（农历八月二十日），为袁世凯的五十大寿（虚龄）。奕劻和载振都去为其祝寿，奕劻落款不称王而书名字，载振自称“如弟”，均有干禁例，亦可见他们的关系之密切。

同年11月，光绪皇帝与慈禧太后相继逝世，小皇帝宣统继位，由其父摄政王载沣执政。载沣认为1898年其兄光绪被幽禁瀛台，是袁世凯出卖维新运动造成的，对其深切痛恨，对其贪权、培植自己势力也极为疑忌，很想将其除掉。但在“国丧”期内，他没有立即采取行动。继而御史江春霖、赵炳麟和陈田都揭参奕劻和袁世凯，肃亲王善耆和度支部尚书载泽同时秘密向载沣进言，速速除去袁世凯。载沣拟了一道将袁世凯革职、拿交法部治罪的谕旨。但在征求奕劻、张之洞的意见时，奕劻首先反对，威胁说：“杀

① 《神州日报》，1907年9月12日。

袁世凯不难，不过北洋军造起反来怎么办？”[1]旋即告知了袁世凯。袁世凯惊惧万状，立即换上普通服装，夜里坐火车逃到天津。张之洞也不同意杀袁世凯，说：“主少国疑，不可轻于诛戮大臣。”[2]载沣为人优柔寡断，缺乏决断魄力，经奕劻、张之洞一讲，不得不慎重考虑。1909年1月2日发布上谕说：“袁世凯现患足疾，步履维艰，难胜职任。袁世凯着即开缺回籍养疴，以示体恤之至意。”[3]借故强行将其罢官。

袁世凯罢官回到河南后，奕劻仍然与他保持着联系。1910年1月袁世凯女儿出嫁，奕劻送奁具多种。1911年3月奕劻女儿出嫁，袁世凯亦送“奁敬”。4月，由于日、俄加紧侵略，东三省形势危急，奕劻曾力保袁世凯出任东三省总督，“以挽危局”[4]。

1911年5月8日，以奕劻为总理大臣的皇族内阁成立，完全违背了君主立宪制不准皇族充当国务大臣的政治原则，使预备立宪进程急剧发生逆转，走向歧路。以致大多数立宪派人士走向清政府的对立面，引起轰轰烈烈的保路运动。湖北的革命党人则利用这一契机在10月10日发动了武昌起义。

袁世凯得到消息，向各方面做了布置，特别孝敬了奕劻一笔很大的数目。

革命党人一举攻克武昌，总督瑞澂弃城逃走的电奏到达北京，

---

① 溥仪：《我的前半生》，第23页，群众出版社，1964年。

② 载涛：《载沣与袁世凯的矛盾》，《辛亥革命回忆录》6，第324页。

③ 《宣统政纪》卷4，第12页。

④ “中电”，《汇报》1911年4月18日。

清廷举朝惶惶。10 月 12 日，载沣命陆军大臣荫昌督率陆军两镇赶往湖北镇压。奕劻和内阁协理大臣那桐、徐世昌都与袁世凯关系至深，袁世凯被罢斥后，他们不断要求起用他，载沣没有同意。武昌事起，他们感到是个绝好机会，一起向载沣施加压力。载沣一听，便严厉申斥那桐。那桐提出告老辞职，奕劻不上朝议事。前线军情紧急，载沣无奈，只得把他们请来重新计议。奕劻进一步阐述理由说："此种非常局面，本人年老，绝对不能承当。袁（世凯）有气魄，北洋军队都是他一手编练，若令其赴鄂剿办，必操胜算；否则畏葸迁延，不堪设想。且东交民巷（使馆区）亦盛传非袁不能收拾，故本人如此主张。"载沣不放心，诘问："你能担保没有别的问题吗？"奕劻回答："这个不消说的。"载沣看到奕劻坚持甚力，以绝对不承担责任相威胁，而且外国对袁世凯很重视，自己也想不出对付当前局面的妥善方案，最后不得不听任摆布。10 月 14 日，任命袁世凯为湖广总督，督办剿抚事宜。接着命度支部大臣载泽告诉奕劻：派一个与袁世凯熟悉的官员，带着上谕前往彰德，"促之速来，善为我辞焉，勿介意于旧事也"。奕劻遂令内阁参议阮忠枢前往。[①]

当天，阮忠枢抵达彰德洹上村，将上谕和奕劻的亲笔信交给袁世凯，传达了载沣要其"速来"，"勿介意于旧事"的意思。

袁世凯认为这是他东山再起的绝好机会，但还不是出山的时候，仅表示病好即可出山。于是开了"节略八条"，实际是其出

① 参见刘体仁：《异辞录》卷 4，第 47 — 48 页，中华书局，1988 年。

山的条件，让阮忠枢面呈奕劻。“节略八条”的大意谓：无兵无饷，赤手空拳，何能办事，拟就直隶续备、后备军调集万余人，编练二十四五营，带往湖北，以备剿抚之用。又拟请度支部先筹拨三四百万金，备作军饷及各项急需；并请军咨府、陆军部不可绳经文法，遥为牵制等语。“如各事照办”，他“自当力疾一行”。[①]言下之意，办不到就不出山。故16日又致函奕劻，请其抓紧办理“应行筹办各事”[②]。

清政府满足了袁世凯的要求。10月30日袁世凯离开彰德，南下视师。奕劻看到袁世凯已经出山，国事日非，自己无力承担，于11月1日奏请辞职，其他国务大臣亦辞职。载沣准请，任命奕劻为弼德院院长；授袁世凯为内阁总理大臣，着其即行来京，组织内阁。袁世凯谓《十九信条》规定，内阁总理大臣由国会公举，声称前命不敢奉诏。11月8日，资政院开会正式选举袁世凯为内阁总理大臣。

袁世凯出山后，即提出与南方民军议和。后得南方独立各省代表同意。12月7日，袁世凯委唐绍仪为总代表，与民军进行和谈。唐绍仪提出召开国民大会，公决民主和君主的方案。袁世凯与奕劻密议后以为可行，上奏隆裕太后。隆裕太后召集近支王公会议讨论。奕劻首先发言，表示赞成。后来袁世凯得到了当总统的保证，开始逼宫。

---

① 《袁世凯未刊书信稿》，第1579—1580页。

② 《袁世凯未刊书信稿》，第1560页。

1912 年 1 月 17 日，隆裕太后召集宗室王公开御前会议，讨论是否实行共和的问题。奕劻主张自行退位，颁布共和。恭亲王溥伟和载泽等人则竭力反对，会议无果而散。

为了配合袁世凯，迫使清廷屈服，奕劻不惜当众扯谎。有一次他进宫后对大众声言："革命军队已有五万之众，我军前敌将士皆无战意。"旋至听候召对室，复申前言说："革命党已有六万之众，势难与战。"[①] 数分钟之内，他并未接到新的情报，却把革命军的人数增加了一万。

隆裕太后经过几度权衡，2 月 12 日，终于宣布清帝退位。此后，奕劻到天津租界当了寓公。1915 年，曾令其子载振进京，请徐世昌带头敦劝袁世凯称帝，遭到拒绝。

从 1903 年袁世凯以巨款收买奕劻开始，他们就紧紧地勾结一起，奕劻成为袁世凯的傀儡。以后无论时局发生什么变化，他们始终结党营私，互为奥援，党同伐异，操纵朝政。奕劻甚至为袁世凯掌握全国政权，不惜背叛自己的祖宗，把清王朝葬送，以后还赞成其称帝。他们的关系极其密切，也极其肮脏。

---

① 载润：《有关奕劻的见闻》，《辛亥革命回忆录》6，第 466 页。

梁士诒：帝制自为的活财神

梁士诒字翼夫，号燕孙，广东三水人，1869 年生。1889 年中举人。1894 年中进士，选翰林院庶吉士。1895 年授职编修。

1903 年 7 月，他参加经济特科考试，张之洞阅卷，极为欣赏，初试时把他列在一等第一名。因被怀疑为维新党，未敢参加复试。袁世凯得知其有才气，通过天津海关道唐绍仪介绍，聘其为北洋编书局总办。他即向袁世凯建议，奏请建立一个全国性的铁路管理机构，改变过去各省管理的混乱状况。袁世凯大加赞许。此乃他们相交之始。

1904 年 9 月，梁士诒作为参赞随唐绍仪赴印度与英国谈判西藏条约。1905 年 11 月回国后，任京汉、沪宁铁路总文案。1906 年春，奉旨以五品京堂候补，在外务部丞参上行走；4 月，任邮传部京汉、沪宁、正太、汴洛、道清五路提调处提调。12 月，改任邮传部铁路总局局长，兼交通银行帮理。1909 年，任邮传部左参议。后盛宣怀出任邮传部尚书，以其有“把持之名”，将其撤职。[1]此后他不谈政治。

1911年10月10日革命党人在武昌起义后，摄政王载沣重新起用袁世凯为湖广总督，命其前往镇压。袁世凯立即使人密告梁士诒：“南方军事，尚易结束，北京政治，头绪棼如，正赖燕孙居中策划一切，请与唐少川（绍仪）予［预］为布置。”[2]

北京的情况异常混乱，梁士诒与唐绍仪、赵秉钧合力斡旋，分途布置，使袁世凯得以顺利入都。

11月16日，袁世凯组织责任内阁，以梁士诒署邮传部副大臣。梁士诒对他说：“将来功高震主，祸且不测，无如乘此时机，改变国体。”[3]劝其赞成共和。

12月，袁世凯委任唐绍仪为全权代表，南下与民军代表议和。唐绍仪提出召开国民大会，公决民主和君主的方案后，梁士诒对于停战议和，安慰皇室，说服亲贵，赞翊共和，筹措经费诸方面，协助袁世凯做了许多工作。

1912年1月16日，袁世凯上朝奏请实行共和，从宫内出来，遭到革命党人张先培等人的炸弹袭击。从此他称病不再入朝，把逼宫的任务交给了赵秉钧、胡惟德和梁士诒等人，自己躲在幕后操纵。19日，梁士诒与胡惟德、赵秉钧参加了隆裕太后召开的

---

① 《宣统政纪》卷33，第15页。

② 《三水梁燕孙先生年谱》上，第100页。

③ 张伯驹：《续洪宪纪事诗补注》，见《洪宪纪事诗三种》，第298页，上海古籍出版社，1983年。

御前会议。赵秉钧提出，袁世凯欲设临时政府于天津，与革命党开议，遭到王公大臣一致反对。梁士诒与胡惟德用财政困难、军费匮竭等理由进行说服，顽固的亲贵们根本不听。他们立即向隆裕太后同声奏请："人心已去，君主制度恐难保全，恳赞同共和，以维大局。"[①]隆裕太后吓得不知所措。

为迫使清帝早日退位，在梁士诒与袁世凯策划下，1月26日段祺瑞等将领联名奏请宣示共和政体。当日晚上，主战派的主要人物、军咨使良弼被革命党人彭家珍炸断一条腿。隆裕太后极其恐惧，掩面哭着对入朝的梁士诒、赵秉钧、胡惟德说："我母子二人性命，都在你三人手中，你们回去好好对袁世凯说，务要保全我们母子二人性命！"赵秉钧先大哭，梁士诒亦不禁泫然。[②]

2月12日，清帝宣布退位。梁士诒告诉袁世凯，应以全权名义，布告内外大小文武官署，维持秩序。14日，参议院选举袁世凯为临时大总统，请其驾临南京就职。25日迎袁专使蔡元培等人抵达北京，袁世凯表示南下不成问题，暗中却指使曹锟发动兵变，制造不能南下的借口。梁士诒秉承袁世凯之意，对蔡元培等说："现在全国倡行革命，人心动荡，北方秩序很难维持，像目前这种情形，如果不能及时地调度、弹压，确保地方的安谧，就很容易引起外国对我国用兵的祸事，这一点是应该切实注意的。"[③]

---

① 《三水梁燕孙先生年谱》上，第105页。

② 《三水梁燕孙先生年谱》上，第111页。

③ 唐在礼：《辛亥前后我所亲历的大事》，《辛亥革命回忆录》6，第342页。

经其疏通，蔡元培等致电南京临时政府和参议院，报告北京的局势，陈述袁世凯不能南下就职的原因，建议速建统一政府，其他尽可迁就。3 月 6 日，参议院议决允许袁世凯在北京就职。

4 月 22 日，总统府秘书厅成立。袁世凯任梁士诒为秘书长。29 日，参议院在北京举行开院典礼，梁士诒为袁世凯拟定了财政计划大纲及其他要政方针的演说词。5 月，兼任交通银行总理。

此时袁世凯与国务总理唐绍仪的关系逐渐破裂。梁士诒调护其间，费尽心力。但袁世凯身边的一些人又趁机说他与唐绍仪里应外合，将与孙中山有所企图，因为他们都是广东人。梁士诒闻知，不得不避嫌疑，袁、唐之间的裂痕更大，终于逼得唐绍仪于 6 月辞职。袁世凯派梁士诒前往天津慰留。梁士诒与唐绍仪谈了很多，但唐绍仪还是坚决辞职。

袁世凯想利用孙中山和黄兴的影响巩固自己的统治，曾多次致电或派人敦请他们北上，同时也电邀副总统黎元洪进京共商国是。8 月 24 日，孙中山抵京，受到热烈欢迎。袁世凯与他会谈十三次，均是梁士诒一人作陪。9 月 11 日，黄兴抵京，袁世凯亦与他多次进行交谈。黎元洪因张振武被杀没有进京。梁士诒想起唐绍仪辞职时对他所说的今日国家大势，统一中国，非袁世凯不可；而欲治理中国，非袁世凯诚心与同盟会合作不可的话，竭力想拉拢袁世凯与孙中山、黄兴、黎元洪精诚合作。所以由他主持，总统府秘书厅通电宣布了八大政纲，并声明这是袁世凯与孙中山、黄兴协定，深得黎元洪赞成。

10月10日，袁世凯授梁士诒勋二位。

1913年10月为选举正式总统之期。为保障选举必胜，袁世凯除采取其他措施外，还指使梁士诒组织政党。梁士诒极其卖力，用金钱收买，把直接控制的议员同志会和潜社、集益社以及其他小团体合并，组成公民党。并决定，国会议员参加公民党者，月给津贴二百元。议员被吸引和利诱者约在一百人以上。该党是彻头彻尾的御用党，专为大选拉选票。他们通电各省都督，请一致拥护袁世凯为正式大总统，黎元洪为副总统。10月6日，袁世凯当选为中华民国第一届正式大总统，其中就有梁士诒的一份功劳。

1914年3月12日，梁士诒代表袁世凯祀孔，演讲圣道。

5月1日，袁世凯废除国务院，于总统府设立政事堂，特任徐世昌为政事堂国务卿。2日，裁撤原总统府秘书厅，任命梁士诒为税务处督办。梁士诒在任总统府秘书长期间，不仅参与中央决策，掌握机要，还兼管外交、财政、交通，可谓百务集身。袁世凯开始对其颇为信任依赖，常对入谒禀商事件的人说："问梁秘书长去！"梁士诒亦不问事之大小，均准情审势加以处理。外面的人以为他能左右总统，支配群僚，便称他为"二总统"。而一些嫉妒和对他不满的人知道袁世凯疑忌心重，经常在袁世凯面前说他的坏话，至谓其有三头六臂。梁士诒为交通系首领，与其有矛盾的皖系首领杨士琦等人更说他心怀叵测，勾结军人，欲为总统。凡此均使袁世凯对梁士诒有所怀疑。1913年秋冬，各省军政长官及师旅长入觐之后，多去见梁士诒。袁世凯见其势力膨胀，一日对他说："君之地位，将来甚重大，现在入觐之师旅长，不可轻予颜色也。"梁士诒尚未注意。至1914年2月间，袁世凯对他说："国会专制，固不适宜，内阁集权，亦多窒碍，意欲扩张府制，以便指挥，罗致人才，以图治理。"梁士诒说："内阁制一时似未便变易，若欲扩张府制，网罗人才，可将秘书厅扩大组织，以容纳之。"袁世凯又说："我欲取美国制，设国务卿一人，隶于总统府，撤销院制，君谓如何？"梁士诒答道："美国有国务官长，日本误译之为国务卿，字义已属错误。若夫我国，在共和政制之下，谁复卿卿者！"袁世凯听了，目不转瞬地瞪视他很久。[①] 所以，政事堂一成立，便将他调出总统府，改任税务督办。

5月参政院成立，袁世凯指定梁士诒兼任参政。

7月，第一次世界大战爆发。西方列强忙于大战，无暇东顾，日本认为独占中国的时机已经到来，决定参加协约国集团，借口对德国宣战，侵略中国。8月，袁世凯召见梁士诒，问他目前最急要之事，当从何处着手。梁士诒说：一为救济财政，二为提防日本侵略。谈了救济财政的设想，又说：英国公使朱尔典对我说："'英日联盟，日必助英，德国所属之青岛，中国不自取，必有人起而代取之者。'其意所指，已极明了。在我见以为，我国趁今日日本未动兵之前，密与英约，彼居其名，我居其实，即日与德使磋商，刚柔并施，一面派兵前往围守青岛，强彼交还，迅雷不及掩耳，使日本无所措手。青岛若下，日本又以何说进兵？此不特

① 《三水梁燕孙先生年谱》上，第187—188页。

防日本之侵略，且以杜将来之后患也。”袁世凯道，你说的很对，关于财政计划等等，请全权办理。“至若先行下手，夺回青岛，于情于势，未尝不是，但我国既经宣布中立，忽翻前议出兵，以助联盟，恐外交上益增纠纷，且更恐动日本之疑忌，此着似可行而不可行也。”梁士诒又说：“德、奥以小敌大，战之结果，必难幸胜。在我见，正不妨明白对德绝交宣战，将来于和议中取得地位，于国家前途，深有裨补。”袁世凯说：“容吾思之。”① 但袁世凯因德国支持其当皇帝，不愿与其失和，更不愿夺回青岛，梁士诒的计划终未实现。

梁士诒虽然失宠，他的交通系却控制着铁路、关税、交通银行和一些公司，握有很大财权，有“财神”之称。又任秘书长多年，组织过公民党，同各方面均有关系，活动能力很强，具有相当的实力，而且颇得英、美两国的信任。袁世凯对他仍然相当重视。1915 年秘密搞起帝制活动之初，袁世凯拉拢进步党帮忙不成，又去抓交通系，曾十余次微言讽示，探询梁士诒的意见。梁士诒佯为不解。有一次直接说：“目下大总统之权，已高于各国君主，所殊者子孙继承耳。然此事恐适足以害子孙，历代帝王，其末祚能如清代逊位之安全者，有几耶？”②

袁世凯知道梁士诒热衷名利，为迫使其就范，1915 年 6 月指使肃政厅发动“三次长参案”和“五路参案”。被参的三次长为陆

---

① 《三水梁燕孙先生年谱》上，第 195 — 196 页。

② 《三水梁燕孙先生年谱》上，第 289 页。

军部次长徐树铮、交通部次长叶恭绰、财政部次长张弧；“五路参案”是揭发津浦、京汉、京绥、沪宁、正太五铁路局营私舞弊的案件，矛头直指交通系。参案一开始声势很大，来势很猛，叶恭绰被停职查办，津浦铁路局局长赵庆华被撤职，京汉、京绥两局局长关赓麟、关冕钧离职听审，交通系人物惶然无计。梁士诒避嫌出游西山。对交通系狠狠打了两棒之后，袁世凯马上对梁士诒示以关怀，对他说：“参案本有君在内，我令去之。”[①] 袁克定同其父袁世凯的地位不同，作风也不一样，他把梁士诒找去，单刀直入，“问变更帝制，肯否帮忙，并加以恫吓”。梁士诒说回去向同人报告后再作答复。事情很清楚，赞成帝制，参案可以取消；不赞成帝制，后果不堪设想。梁士诒当夜召集交通系人员召开紧急会议，讲了情况，最后说：“赞成不要脸，不赞成就不要头！”要大家发表意见。讨论的结果，大家一致表示“要头”。[②] 梁士诒等人考虑：“要保全交通系势力，只有顺从袁世凯的意旨，泼出一干；并且决定不干则已，干起来则不必遮遮掩掩，一定要大权独揽，有声有色。”[③] 次日回报袁克定，表示一定竭力效忠，并陈述了所设想的进行之策。袁克定大喜。于是交通系成为帝制派的中坚。帝制活动搞起不久，叶恭绰官复原职，关冕钧免议，赵庆华、关赓麟仅交付文官高等惩戒委员会惩戒，引人注目的两个“参案”

① 《三水梁燕孙先生年谱》上，第 269 页。

② 张国淦：《洪宪遗闻》，《文史资料选辑》第 1 辑，第 138 页。

③ 刘厚生：《张謇传记》，第 235 页。

烟消云散。

此时，有人攻击梁士诒营私舞弊。袁世凯特为其辟谣说："梁在前清邮传部时代，曾充铁路局局长，办事勤敏，经手款项不下数千万。迨盛宣怀为邮传部尚书，素与梁不协，因撤其局长，派员严厉查办，吹毛求疵，意在借题加害。乃彻查数目，毫无弊窦，盛亦无可如何。其立足不败可知。今有人谓其营私舞弊，予以前此盛宣怀查办之案考之，可信其必无荒唐之事。伊近日绝口不谈交通一事。至其为交通银行总理，本属营业性质，其谋利之手段，与其获利之多少，非予所当考核也。梁前在北洋，充予幕僚。及予到外务部，调为参议。其才识之明敏，而加以魄力雄厚，诚为罕见之才。当辛亥改革，险象万端，梁与赵秉钧出生入死，竭力相助，始终如一。且再四入宫敷陈利害，敦劝清室逊位，以此几遭不测。其于民国功劳甚著，予何能忘之。事过境迁，论者快一时之抨击，遂将前功一笔抹杀，似非公允之论也。"①

8月14日，杨度等发表组织筹安会宣言，敲响了袁世凯帝制自为的开场锣鼓。9月6日，梁士诒参与由政事堂左丞杨士琦领衔的上书，说筹安会主张改变国体是正确的，"当此举国皇皇，请求迫切，若不速筹解决，或恐别生事端"，请总统速定大计。②

9月19日，梁士诒又参与由内务总长朱启钤领衔的上书，说"共和国体之不适用于中国，可以断言"。"察人心之趋向，惧国

① 《为梁士诒辩诬之谈话》，《袁世凯全集》第32卷，第146—147页。

② 中国社会科学院近代史研究所藏档案。

势之阽危，政体不良，兆民何赖？民心不固，断难图存。伏愿我大总统顺天应人，早定大计，慰四海苍黎之望，奠万年盘石之基，中国幸甚。”①

同日，梁士诒为避免“奇勋伟业”被杨度等人夺去，纠集起一批狐群狗党，成立了全国请愿联合会。发表宣言说：“民国肇建，于今四年，风雨飘摇，不可终日，父老子弟，苦共和而望君宪，非一日矣。自顷以来，二十二行省及特别行政区域暨各团体，各推举尊宿，结合同人，为共同之呼吁。其书累数万言，其人以万千计，其所蕲向，则‘君宪’二字是已。……功亏一篑，则为山不成；锲而不舍，则金石可贯。同人不敏，以为吾父老子弟之请愿者，无所团结，则有如散沙在盘；无所榷商，则未必造车合辙。又况同此职志，同此目标，再接再厉之功，胥以能否联合进行为断。用是特开广坐，毕集同人，发起全国请愿联合会，议定简章凡若干条，此后同心急进，计日程功，作新邦家，慰我民意。”②很清楚，它所肩负的任务就是伪造民意，使袁世凯登上皇帝宝座。但他没有出面，让沈云霈担任会长，自己在幕后指挥。他嘱咐袁世凯表面上要竭力反对帝制，请愿和参政院两方面的工作由他去做。

为了在帝制中建立丰功伟绩，梁士诒表现得特别积极热心，每天一早开始办公，中午在外吃包饭，晚上很晚才回家。在请愿

① 中国社会科学院近代史研究所藏档案。

② 《全国请愿联合会宣言书》，《讨袁史料》，第 113 页。

联合会的煽惑下，没几天，五花八门的请愿团陆续出笼。其人物上自王公遗老、政府官僚、各省将军、巡按使，下至车夫游民，无所不包，样样俱全。凡在京的各省市请愿团首领，他都进行收买。

请愿联合会成立后，即接受全国各界各团体的请愿书，送达代行立法院的参政院，请求改变国体。参政院讨论后认为，国体为宪法上的重要问题，解决权在国民会议。因此，建议提前于年内召集国民会议，或另筹征求民意妥善办法。袁世凯同意前一种办法，决定在11月20日举行国民会议议员复选后，即召集开会，“以征正确之民意”①。

但召集国民会议需要一定程序，袁世凯急不可耐，又觉得此法过于迂缓。于是梁士诒指使全国请愿联合会上书参政院，提出总请愿：“现所筹备之国民会议，系以议决中华民国之宪法为目的，若即以之解决国体，则在该会为越俎代庖，即在钧院为削趾适履，此理论之不通者也。”召集国民会议“过涉繁琐”，“年内召集，既属空文；而大势所趋，又难久待。此事实所不许者也”。“应请钧院议决，另设征求民意机关。立法贵简，需时贵短，以定国本而固邦基，大局幸甚。”②

参政院的参政们一致同意请愿联合会的建议，10月7日把梁士诒等人起草的《国民代表大会组织法》呈送袁世凯。并说：“国

① 《政府公报·咨》，1915年9月26日。

② 《全国请愿联合总会请愿书》，《讨袁史料》，第114—115页。

家者，国民全体之国家也。民心之向背，为国体取舍之根本。惟民意既求从速决定，自当设法特别提前开议，以顺民意。……兹议定名为国民代表大会，即以国民会议初选当选人为基础，选出国民代表，决定国体。”[①] 袁世凯满意了，次日即发布召集国民代表大会的告令。

搞帝制不但需要有人请愿，制造民意，还要大量经费，袁世凯为此发愁，一日召梁士诒入府，对他说：“子之提倡请愿，意则佳矣。而经济支绌，外交团未经赞同，大借款又未便启齿。巧妇难为无米之炊。虽有佳意，而实力不及，则决不能见诸事实，奈何？”

梁士诒答道：“窃筹之熟矣！外国借款，此时殊未易进行。惟有两种内国之款，可有［以］移用。一交通银行存款及前清遗老及富绅之积蓄。此辈既赞同帝制，我皇上经国制用，当然可以提取。二救国储金。国民既爱国为目地［的］，此款即充国家正用，自属天经地义。况不用之于战争，而用之于和平，尤为国民之幸福。皇上为筹安起见，缔造艰难，区区捐助之款，即悉数支销，国民岂有不愿？此两种基本金，即可暂济目前。但俟筹备已定，大宝既登，然后向各国要求承认。既承认矣，大借款自不患不成。苛［苟］得大借款以接济金融，则交通（银行）之亏宕，又何患其不偿哉？”

袁世凯问：“两种基本金有多少？”

① 《政府公报·命令》，1915 年 10 月 9 日。

梁士诒说：“存款一项，即在三千万以上。救国储金则几及千万。两项得四千万外，更以多发纸币之策调济之，则不患无一万万之应用金矣。”

袁世凯大喜，说：“吾得此数以谋干大事，何忧其不济耶？卿真吾之活财神也。”

梁士诒称谢而出。

而后袁世凯又从容对梁士诒说：“帝制事成，首揆一席，非卿而谁？卿其爱惜精神，毋负新朝元佐也。”自是梁士诒遂隐然以候补宰相自命矣。[①]

各省召开的国民会议一致投票赞成改变国体，推戴袁世凯为皇帝。

12 月 11 日上午，被各省委托为国民总代表的参政院开会。事前，梁士诒向“人人致意，勉嘱赞成”。会议通过上推戴书后，“复邀请同人饮，以示谢意”[②]。下午，袁世凯下申令说，他没有丰功盛德，不敢骤跻大位，请参政院另行推戴。参政院当即呈上第二次推戴书，列举了他的丰功盛德，请其正位登极。12 日，袁世凯不再装模作样，下令承认帝位。19 日成立大典筹备处，梁士诒为成员之一。

正当袁世凯准备登极的时候，12 月 25 日，蔡锷、唐继尧等宣布云南独立，组织护国军，通电声讨袁世凯叛国称帝。

---

① 许指严：《新华秘记》，见《近代稗海》第 3 辑，第 370 — 371 页。

② 王锡彤：《抑斋自述》，第 215 页。

1916年1月4日，袁世凯决定派农工商总长周自齐为赴日贺礼特使，名义上是赠天皇大勋章，实际上暗去送礼，乞求日本赞助帝制。开始日本政府表示欢迎，旋又予以谢绝，窘辱袁世凯。梁士诒得知，深深地叹息道："子廙（周自齐号）不能去，帝制不成矣。"①

1月27日，贵州宣布独立。3月15日，广西又宣布独立。冯国璋等五将军请速取消帝制的密电，日本要采取自由行动的电文，护国军打得北洋军大败的军事报告等等，又摆在了袁世凯的面前。袁世凯急忙召来梁士诒，把各处来的电文给他看。梁士诒黔驴技穷，束手无策。袁世凯对他说："事已至此，吾意决矣！今分数段进行，撤销帝制后，中央政事由徐菊人（世昌）、段芝泉（祺瑞）任之；安定中原军事，由冯华甫（国璋）任之。君为我致电二庵（陈宧号，四川将军），嘱其一面严防，一面与蔡松坡（锷）言和。君与卓如（梁启超）有旧，以私人情谊，请他疏通滇、桂；并复长素（康有为）函，请其婉劝卓如。倘有法能令国家安定，吾无论牺牲至何地步，均无不可者。"②

3月22日，袁世凯被迫宣布撤销帝制，但又自封为总统。各界人民斥其无耻，要其速速下台。袁世凯还希望苟延残喘于一时，不料5月22日，陈宧突然通电宣布四川独立，并特别强调了同袁世凯个人断绝关系。袁世凯视其为心腹爪牙，绝未想到他会背叛

① 白蕉：《袁世凯与中华民国》，第329页，古红梅阁主眉批，人文月刊社，1936年。
② 《三水梁燕孙先生年谱》上，第321页。

自己；现在不仅背叛了，而且特意宣布与自己断绝个人关系，当即气得晕倒在椅子上，好长时间方才醒转。而后召来梁士诒，手拿电报，哆哆嗦嗦，面色苍白，说："二庵厚爱我若此，夫复何言！君为我电复决志退位，何如？"[①] 梁士诒知其言不由衷，不敢回答。于是袁世凯亲自动笔复了一电。6 月 6 日，他就呜呼哀哉了。

梁士诒在清末特别是辛亥革命爆发后，在各方面协助袁世凯做了许多工作，使其当上临时和正式大总统。袁世凯对他也相当信任。只是到了 1914 年梁士诒在政见上略有异议，不利于加强集权，加以袁世凯猜忌心太甚，才被疏远。但袁世凯依然看重其才，许多重大问题让他出谋划策。对于袁世凯搞帝制，梁士诒一开始是反对的，由于热衷名利，经不住袁世凯胁迫，才成为帝制派的中坚人物。撤销帝制后，他有些惋惜，但并未公然背叛袁世凯。袁世凯死后，他作为帝制祸首的十三"太保"之一，遭到政府通缉。

① 《三水梁燕孙先生年谱》上，第 341 页。

张一麐：老袁最对不住的人

张一麐字仲仁，1867 年出生于江苏吴县一个士绅家庭。十二岁即中秀才。1882 年应考江南乡试，中副榜。1885 年应考顺天府乡试，中第十名经魁。甲午战争以后，与其弟一鹏在苏州发起苏学会，广购书报，供入会者随时取阅。他曾几次入京参加会试，因其姐夫夏孙桐充任考官，循例回避，失去机会。

1903 年 7 月，经江苏巡抚恩寿等保荐，张一麐参加朝廷举行的经济特科考试。主考官张之洞十分欣赏他的试卷，复试内定第一名。及至揭开弥封，见其是个举人，阅卷大臣们认为让他夺魁未免过于减色，便将翰林袁嘉谷拔为第一名，将他改为第二名。他本分发湖北省，直隶总督袁世凯闻其有才气，将其争取到直隶，委其办理文案。

张一麐起草的文牍，既细致巧妙又很敏捷，往往别人数百言说不清楚的，他数十言即能解决问题。有时昏夜，袁世凯找不到其他幕僚，见他仍在办公室，召来谈话，令其起草十余稿，他很快就能完成。北洋幕中人才济济，他是新到，资望最浅，心中有些不安，为了能够胜任工作，便买书自修，阅读报纸，以补学识之不足。一年之内，除了公事外，他未尝私自谒见袁世凯，要求升官和增薪。有的人以为他是傻子，有的人以为他很清廉，他均不顾，声誉在天津学界逐渐增加。袁世凯又命其兼办幕僚不能办的新政，如警察、地方自治、交涉、法律等奏牍，他如不赞成袁世凯的意见，就当面争辩，不为阿谀。由于他忠厚老实，任劳任怨，办事认真，不谋私利，袁世凯常常让他参与北洋大政，兼署天津河防同知。他对袁世凯也是忠心耿耿，知恩图报。但他“不愿以‘北洋’二字为标帜，以为是示人不广而多树敌也”，所以他自称为“‘北洋’中之非北洋派”。[①]

1907 年袁世凯调任军机大臣兼外务部尚书后，更加倚重张一麐。1909 年 1 月 2 日，袁世凯被罢官。张一麐鉴于宦海风波，也解职回乡。但仍与袁世凯保持通信联系，赠送礼物。后被北洋时期的旧交浙江巡抚增韫奏请以知府调浙江候补，聘为总文案，领袖幕僚，兼自治筹备处会办。

1911 年春，张一麐回到苏州。10 月 10 日，革命党人发动武昌起义。11 月初，他认为“天下大乱，民无所归”[②]，曾致电劝被清廷起用为湖广总督的袁世凯称帝。袁世凯另有考虑，没有采纳。随着革命形势的发展，他的思想也发生转变，参与了江苏的独立

---

① 张一麐：《答客问》，《心太平室集》卷 1，第 16 页。

② 《密陈大计呈稿》，《心太平室集》卷 1，第 12 页。

活动，后任江苏都督府秘书长。[1]

1912年3月，袁世凯就任临时大总统。原在北洋幕府中的人都作攀龙附凤之想，独张一麐不往。袁世凯非常尊重信任他的品德和才能，致电催其入都。张一麐到后，任总统府秘书，负责起草电令文告。1914年5月1日，袁世凯废除国务院，成立政事堂。3日，任命张一麐为政事堂机要局局长。

1915年5月25日，中国政府与日本政府签订了大家习惯上所称的“二十一条”（正式签约后的条文已不再是二十一条）。据云，袁世凯在条约签后，即想好了破坏条约的法子，对人说：“我已筹画好了：（1）购地、租地，我叫他一寸地都买不到手。（2）杂居，我叫他一走出附属地，即遇危险。（3）警察顾问用日本人，用虽用他，月间给他几个钱便了，顾不顾，问不问，权却在我。我看用行政手段可以破坏条约，用法律破坏不了。又其他各条，我都有破坏之法。”

张一麐本就反对签约，听了他的办法，不以为然。说：“既签订条约，即应忠实履行，明知不行，而虚与委蛇，表面允其所要求，暗中却加以破坏，必为祸根。本应推诚布公，向彼言明不能应允之故。如彼不听，纵以兵戎相见，彼曲我直，胜败之数，尚不可知，而我理直气壮，虽败犹荣。我意本应坚持不允，今既允矣，成事不说，壮士断腕，听客所为。白水黑山，暂同弃地，痛

① 张一澧：《张一麐生平》，《近代史资料》总60号，第105页；黄炎培撰《张仲仁先生传》记为任民政司长，见《心太平室集》，“传”，第2页。何者为是，待考。

定思痛，在关内励精图治，待机而动，收复故土，似亦一策。”

袁世凯斥其为书生之见，并云：“推诚布公果能成事，世界早太平了。”[①]

8 月 14 日，杨度等人发表组织筹安会宣言，公开鼓吹帝制。张一麐作为十余年的心腹幕僚，十分惊疑，以为改变国体对袁世凯实在不利，决心入谏。此举很有可能丢官，他也做好了心理准备。谒见时，他反复陈述利害，谏道：“君主之制既革，民主之兴未久，不宜改弦易辙；倘果犯天下之不韪，群必起而击之矣，吾未见其可也。”[②]“帝制非可强行，必待天与人归。”袁世凯知道他对自己忠贞不贰，并不生气，温和地问：“何谓天与人归？”张一麐举了《孟子》中讴歌讼狱的话以对。袁世凯点点头。次日，袁世凯又召见他，说：“在名誉上在道德上，我决不肯作皇帝，你可放心。”张一麐信以为真，极为乐观，逢人便说：“总统真意决不在恢复帝制，筹安会之设，乃系进一步之做法，欲藉此博得一大权宪法耳。”[③]

一天，汪凤瀛带着《致筹安会与杨度论国体书》来见张一麐，请其转呈袁世凯。张一麐笑道：“公不畏祸耶？”汪凤瀛说：“余作此文，即预备至军政执法处矣。”张一麐以其正言可敬，于是代

① 曾叔度：《我所经手二十一条的内幕》，见《近代稗海》第 3 辑，第 288 — 289 页。

② 甘簃：《睇向斋逞臆谈》，见《近代稗海》第 13 辑，第 368 页，四川人民出版社，1988 年。

③ 《密谋帝制之渊源》，《中华新报》，1915年12月11日、13日，见《老新闻》，第272页。

呈。[①]

8月22日，袁世凯又召见张一麐，对他说：我“于道德上，无改君主之理”。筹安会“决非事实，但不便明言，要须于宪法上见端耳”。张一麐认为他此时尚在犹豫时期。[②]

9月6日，袁世凯派杨士琦为代表，到参政院会议上宣言，变更国体不合事宜。安徽将军倪嗣冲突然入京。张一麐问袁世凯：“其人入京何事耶？”袁世凯答道：“彼欲效陈桥故事耳（陈桥兵变，将士拥赵匡胤做皇帝）。”[③]

继而国务卿徐世昌主持召开政事堂会议，商议筹备大典之事，列席的军人不少。张一麐出面反对，才发言，就有军人按着手枪怒目而视。徐世昌一见不好，立即站起，牵着张一麐的衣服，说：“随我来。”将他领出会议室，劝他回去了。当晚，他即呈请辞去机要局局长之职。又有人向他家中投掷炸弹，炸伤一匹驾车的马，警告他不要反对帝制。[④]

9月10日，段芝贵、雷震春等高级将领和倪嗣冲共八人约张一麐在东兴楼晚餐，向“以反对帝制闻于军人”的他开展“示威运动”。[⑤]席分两桌，一席倪嗣冲居首，一席张一麐居首。刚开始，他们就“以严词逼其不得反对帝制”。张一麐没有被吓倒，倔强

---

① 白蕉：《袁世凯与中华民国》，见《近代稗海》第3辑，第157页。

② 张一麐：《记筹安会始末》，《大风》第63期，1940年3月。

③ 《五十年来国事丛谈》，《心太平室集》卷1，第26页。

④ 张一澧：《张一麐生平》，《近代史资料》总60号，第109页。

⑤ 《五十年来国事丛谈》，《心太平室集》卷1，第26页。

地答道："吾辈读书人是不怕死的。"于是他们改变态度，温和地说："吾辈均系总统系下之人，此事本属总统之意，吾辈岂可同室操戈？"[①]劝他要"识大体，勿作书生之争"[②]。张一麐不得已而应之。有人在袁世凯面前大进谗言："不诛少正卯（春秋时鲁国大夫，被任司寇的孔子下令杀死），何以平众愤？"袁世凯笑道："一麐罪不至死，讵忍害焉！"[③]

10月2日，徐世昌身体不适，决心引退，从总统府中的住所回到自己家中。张一麐前去探望。徐世昌说："国事至此，危险殊甚。人皆以君为傻子，尚能最后再进一言乎？"张一麐毅然答道："诺。"次日谒见袁世凯，告诉他徐世昌所说的话，并痛陈利害。袁世凯严肃地劝告他："军人将不利于君，幸勿多言。"张一麐愤然道："如不能管束军人，假令受其推戴，专横跋扈，为祸更烈，称帝者之结果可知矣，乌乎可！"出来告诉同僚，人人皆服其胆量之大。[④]

由于张一麐为袁世凯的北洋老友，以笃实正直、通达明远著称，深为袁世凯所尊重信任，又掌握机要，反对帝制，帝制派诸人担心他争辩、掣肘，摇动袁世凯称帝的决心，向袁世凯进言，将其调离机要局。10月5日，袁世凯任张一麐为教育总长。总长之位虽尊，而教育部则是清闲机关，不再与闻机要，实际上是疏

---

① 《密谋帝制之渊源》，《中华新报》，1915年12月11日、13日，见《老新闻》，第272页。

② 唐在礼：《辛亥以后的袁世凯》，《文史资料选辑》第53辑，第184页。

③ 甘簃：《睇向斋逞臆谈》，见《近代稗海》第13辑，第368页。

④ 张名振：《仲仁先生之回忆》，《心太平室集》附录，第6—7页。

远他。张一麐亦乐得清闲，免起争端。公事之余，休假之日，经常独自骑着小毛驴，游玩郊野，潇洒清逸，不像高官。

10月11日，袁世凯授张一麐为少卿。

12月12日，袁世凯承认帝位。次日上午，在中南海居仁堂接受了百官朝贺。就在这一天，张一麐在家起草《密陈大计呈稿》。写道："一麐之于大总统，非夫寻常利禄之徒所可比拟，是以率其愚戆，不为苟同。"他认为现在的形势是"一统已成，国书已定"，与武昌起义后不同，不能实行帝制，并从"智""圣""义""仁"四个方面加以论述。其中有云："称帝王者万世之业，而秦不再传；颂功德者四十万人（指王莽篡汉前，有四十八万吏民上书歌颂其功德），而汉能复活。"最后说："京外秩序虽尚无虞，而海内人心终多惶惑。似应特降申令，谓国体业经解决，此事重大，非可操切以图。自今以后，务令官修其职，士勤其学，工商各安尔业，农夫各畋尔田，勿事虚文，勿荒本职。如此则庙算如神之运用，待全球恢复之时机，大总统救民救国之苦心，终有昭然共见之一日。一麐谊同休戚，所以报大总统者，即欲保留一部分之人心。"① 写完"即日缮呈，迨晚间阅报，已有'不得不牺牲子孙'之语，遂成死着。哀哉！"②

12月25日，蔡锷等人通电全国，宣布云南独立。当天袁世凯召集高级官员开会，说："云南自称政府，照会英法领事，与

---

① 《心太平室集》卷1，第10－12页。

② 白蕉：《袁世凯与中华民国》，见《近代稗海》第3辑，第204页。

中央脱离关系，陆（征祥）国务卿见公使已实证。此事予本不主张，皆汝等逼予为之，今如何取消帝制！”众皆默然。张一麐因别人怀疑他与蔡锷有交情，说：“宜电陈宧、汤芗铭防川、湘边界，一面使冯国璋联名劝告蔡锷，须知今日之中国不可再乱。”袁世凯称善。[①]但第二天袁世凯又变计用武力对付云南了。

1916年元旦，袁世凯称帝，改元洪宪。帝制派的人发行《洪宪缙绅》，张一麐始终阻止其在教育部颁行。

3月10日，袁世凯派张一麐代表他祭祀孔子。内务总长朱启钤与政事堂左丞杨士琦商议祝文应否称中华民国大总统致祭，张一麐说：“人可欺，天不可欺，应用大总统字样。”次日早六时举行祭礼，正下大雪，张一麐默默祝祷：“天若不亡中国，愿孔子在天之灵，勿使帝制成立。”[②]

3月22日，袁世凯在全国人民反对下，被迫取消帝制，又想起忠诚耿直的张一麐，将他召来，说：“予昏愦，不能听汝之言，以至于此。今日之令（取消帝制令），非汝作不可。”“吾意宜径令取消，并将推戴书焚毁。”张一麐接道：“此事为小人蒙蔽。”袁世凯说：“此是余自己不好，不能咎人。”张一麐见其没有诿过于人，以为“犹是英雄气概也”。[③]

取消帝制以后，袁世凯与张一麐的关系又恢复了亲近，有时

---

① 张一麐：《记筹安会始末》，《大风》第63期，1940年3月。

② 《苏州市乡公报十周年纪念颂辞》，《心太平室集》卷6，第9页。

③ 《白蕉：《袁世凯与中华民国》，见《近代稗海》第3辑，第234页。

一天召他谈话三次，实际上并没什么重要之事。袁世凯感到最对不住的人就是他，有一次对他说："吾今日始知淡于功名、富贵、官爵、利禄者，乃真国士也。仲仁在予幕府数十年，未尝有一字要求官阶、俸给。"与严修"皆苦口阻止帝制，有国士在前，而不能听从其谏劝，吾甚耻之。今事已至此，彼推戴者，真有救国之怀抱乎？前日推戴，今日反对者，比比皆是"。"总之，我历事时多，读书时少，咎由自取，不必怨人。只能与仲仁谈耳。误我事小，误国事大，当国者可不惧哉！"[①]

4月，张一麐上表辞职，袁世凯批了一个字："存。"[②]

6月6日，袁世凯逝世。张一麐痛哭一场，并为其办理丧事，说："吾以无负于府主也。"人皆谓其"辅袁世凯以义，不以生平眷顾之私而为诡随"，赞扬他"立身之高，和而不同"[③]。此论可以说是对他处理与袁世凯关系的比较正确的概括。

---

① 刘成禺：《洪宪纪事诗本事簿注》，见《洪宪纪事诗三种》，第90页。

② 《批张一麐辞表》，《袁世凯全集》第35卷，第268页。

③ 钱基博：《张仲仁先生轶事状》，《辛亥人物碑传集》，第399－400页。

严　修：正直忠诚不负袁

严修字范孙，1860 年生于天津。1882 年中举人。次年中进士，选为庶吉士，入庶常馆学习。1886 年散馆，授职翰林院编修。

1894 年，严修出任贵州学政。他努力进行学制改革，考选人才，学子颇受其惠。1897 年，奏请设立经济特科，遭到其座师、顽固派徐桐的疾视。次年春天，他任满回京复命，谒见徐桐，竟遭拒绝，一气之下，回到天津。6 月，经徐世昌介绍，结识了袁世凯。面对日益严重的内忧外患，他立志创办新式学校，以图自强。

袁世凯任直隶总督以后，严修首先捐银三千两，办起了民立第一小学。在其影响下，天津的民立小学堂开办起来，天津府和天津县也请他出面办了好多所官办小学堂。加上他学问渊博，品德高尚，一时士子誉其为北方的泰山北斗。1904 年 2 月，袁世凯为他捐助民立学堂经费请奖，朝廷赏他五品卿衔。

1904 年 4 月，直隶学校司总理出缺。袁世凯以严修品端学粹，望乎士林，对他最为敬重，亲自登门拜访，聘其为学校司总理。严修以工作性质符合自己志愿，欣然答允。袁世凯常对人说："方今当务之急，莫如练兵、兴学二事。练兵我能自任之，兴学则一切听任严公之意是从。"[①] 该司设在保定，旋改名学务处，1905 年移至天津。在这两年内，严修两次至日本考察，经常来往于北京、保定调查学务，创设了师范学堂、法政学堂、中学等，使直隶学校为天下之冠。袁世凯大喜，题赠严修匾额："学海慈航"。同时写下跋语："范孙京卿，热心教育，使濒海一隅，学校如林，梓桑受福，舆论交称。"[②]

早在 1903 年 3 月，袁世凯就与张之洞联衔奏请递减科举中额，专注兴办学校。清廷谕令从丙午科（1906 年）起，科举分三科减尽。1905 年，严修为加速兴学，积极支持袁世凯再次奏请立即停止科举。袁世凯又领衔上奏。清廷允准，从此科举制度永远废除了。

1905 年 12 月，清政府新设学部。在袁世凯推荐下，严修署理学部右侍郎。1906 年 4 月，兼署左侍郎；8 月，转左侍郎。

1909 年 1 月 2 日，摄政王载沣借口军机大臣兼外务尚书袁世凯现患足疾，难胜职任，将其开缺。严修之能迅速晋升，完全得力于袁世凯的保荐。闻袁世凯罢官，立即上折，"奏称袁世凯勋能

① 张达骧：《袁世凯佚事述闻》（之四），《天津文史资料选辑》第 16 辑，第 73 页。
② 《题赠严修匾额及跋语》，《袁世凯全集》第 13 卷，第 522 — 523 页。

素著，现值国家多事，不应无故将重臣开缺”[①]。请朝廷收回成命，受到严厉申斥。

袁世凯被开缺后，“为了防止清室亲贵出其不意下他的手，他既不敢在京耽搁，又不敢径乘京汉火车去河南，所以先尽快地回到天津，进了租界。他在天津作了严密的布置后，即首途前往彰德”。[②]1909 年 1 月 6 日，天气阴霾，朔风怒吼，袁世凯在天津东站乘火车南下。到车站送行的，只有从北京赶来的严修、杨度等寥寥几个人，显得倍加冷冷清清，凄凄惨惨戚戚。他握住严修的手说：“好冷啊！”语意双关，实感于宦情之冷也。[③]

与袁世凯部下的文武官员怕受牵连，皆声称并非袁党相反，严修“独上书自陈，越格超升，实袁所荐，即不自认袁党，人亦以袁党相视，请褫职以去”。[④]后赖张之洞调护，得以继续留任。

袁世凯回到河南后，严修一直与他保持着密切联系。在两年多时间里，平时除写信，多次赠送纸烟、湖笔、书籍、大米等物外，还亲去彰德看望袁世凯，在其生日前往祝寿，送礼多种。

岁寒知松柏，患难见真情。路遥知马力，日久见人心。从罢官这一事件中，袁世凯深深领略到了世态的炎凉，人情的冷暖，对严修更加了解也更加敬重了。接到严修的信，他于 7 月 11 日在复函中写道：“客腊出都，远蒙枉驾车站相送，桃潭情重，感戢

---

① “专电”，《神州日报》1909 年 1 月 11 日。

② 唐在礼：《辛亥以后的袁世凯》，《文史资料选辑》第 53 辑，第 183 — 184 页。

③ 张达骧：《袁世凯佚事述闻》（之四），《天津文史资料选辑》第 16 辑，第 73 页。

④ 王锡彤：《抑斋自述》，第 152 页。

[激]至今。……猥承垂谅区区之愚，独持侃侃之论，虽于鄙人不无偏好，然风义笃厚，要当于古贤中求之耳，敬佩敬佩。”[1]他对严修特别感激，经常想起其送别的“桃潭情重”。对其上书载沣请收回开缺成命，“独持侃侃之论”的笃厚风义，尤其敬佩，将其比为古代贤人。9月，他听说严修生病，“至深驰系”，写信慰问，嘱其珍摄，并寄去四种礼物。[2]每接到严修的礼物或年节，他也回赠一些。对于诸子的学习，他专门委托严修代为办理。严修考察了江南的许多学校，以为颇不完整，而且大都染上日本的习气，让孩子到天津就学，为他们聘请了老师，并建议派遣他们出国留学。

1910年4月，严修再次奏请开缺，获得批准，决心再不做官。

1911年10月10日，革命党人发动武昌起义。11月16日，袁世凯出任清政府内阁总理，以严修为度支大臣。严修以非所素习坚辞。12月7日，袁世凯又委其为代表，随总代表唐绍仪到南方与民军议和。严修亦致电力辞。其后严修的思想有所变化，赞成共和，但仍不愿出来为官。

1913年8月，袁世凯致电严修，请其送诸子到英国留学。严修与驻英国公使刘玉麟联系，筹妥办法以后，率袁世凯五子克权、六子克桓、七子克齐前赴欧洲，游历了俄国、比利时、德国、法国、荷兰、瑞士，而后安排他们在英国学习。

---

① 《袁世凯未刊书信稿》上，第139—140页。
② 《袁世凯未刊书信稿》上，第191—192页。

1914年2月20日，袁世凯任命严修为教育总长。次日致电在英国的严修说："两年以来，国是未定，不敢强迫高贤。今幸统一，渐可实行，挽救吾华，时不可失。凡为政治，根本教育，咸谓斯人不出，如苍生何。明知执事高节遐标，不染尘滓，但众论如出一辙，时贤首数我公。教育总长缺席，微管莫属，已于本日发表，以协舆情。务乞眷怀祖国，不忘故人，命驾遄返，同舟共济，使鄙人免蔽贤之诮，国民无来暮之嗟，至为企盼。"[①]22日，严修复电说："知遇之隆，衔感没齿。惟才力本短，近益怯弱，断难再任职事。去岁面陈，蒙允勿强，仍乞始终矜宥，别简贤能，无几余生，悉出钧赐。"[②]委婉谢绝。24日，袁世凯又致电驻英公使刘玉麟，请其敦劝严修就职："海内人望，无过范孙。前经任命，电劝就职。昨蒙电复，仍复辞让，高风亮节，太息固深。但共和国之官吏，本是义务性质，贤人伏处，谁任艰巨。务请敦劝遄归，勿奄兹土，致拂舆情。"[③]当天刘玉麟将袁世凯之意电告严修。严修仍请收回成命。复电说："义务当尽，诚如总统钧谕。惟才力所限，自知已审，前佐部务，缘不胜任，是以辞职。今兹艰巨，百倍往日，愈非所堪。谆托代为呈请，务恳收回成命。"[④]袁世凯又致电严修说："教育总长一席，无论是否愿就，必须来京一游，

① 《致严修电》，《袁世凯全集》第25卷，第327—328页。

② 《严修复电》，《袁世凯全集》第25卷，第328页。

③ 《命总统府秘书厅致驻英公使刘玉麟转严修电》，《袁世凯全集》第25卷，第348—349页。

④ 《严修请驻英公使刘玉麟据情复电》，《袁世凯全集》第25卷，第349页。

藉以面商一切要政。”[①] 严修没有回国。袁世凯想不到他如此执拗，不再相强。3 月，袁世凯又电嘱其回国时顺道考察欧洲教育精神。严修也未答允，回电请其另委他人。

6 月，严修回到国内，在报纸上看到被任命为参政院参政，立即进京辞职。袁世凯没有同意。他未坚持，但始终未去就职。

同年冬，应袁世凯之请，严修进京，住在北海，负责管理照料回到国内的袁克权、袁克桓、袁克齐读书。

1915 年 1 月 27 日，袁世凯授严修中卿衔。4 月 9 日，准严修辞去参政。

后来帝制问题在社会上风传，袁世凯问严修："外间均谓共和不宜于中国，汝意以为何如？" 严修答道："无论如何，总统应少谈此事。" 在私下里，他叹道："吾不料总统为人竟如此，近来种种行动，令我愈看愈觉绝望。"[②]

帝制公开以后，严修在天津得知，急忙入都力争。家人恐怕惹祸，劝其勿行。他以为朋友之道理应如此，坦然进京。袁世凯当即接见。

严修郑重指出：在二十世纪中，帝制决难存在。"若行兹事，则信誓为妄语，节义为虚言"，"各派人士恐相率解体矣"[③]。力言国势危殆，不可再生变动，并历述中国历史上君位相承无三代不

---

① 《再电恳催严修来京》，《袁世凯全集》第 25 卷，第 452 页。

② 《密谋帝制之渊源》，《中华新报》1915 年 12 月 11 日、13 日，见《老新闻》，第 271 页。

③ 陈宝泉：《严先生事略》，转见严如平等主编《民国人物传》9，第 408 页，中华书局，1997 年。

乱者，筹议帝制，有百害而无一利。正式劝告之外，他还“痛述帝王子孙朝亡祀绝，杀戮之惨，愿世世勿生帝王家，历举前代史册所载，如晋之青衣行酒，宋之青城北行，奇耻大辱，罪及先人，皆祖宗创业家天下为之厉也。况民国改造，已经四稔，共和制度，深入人心，如大总统早愿为皇帝，不能于破汉口、下武昌，传檄各省，受禅清室，失机一。又不能于癸丑（1913年）之役，逐孙（中山）、黄（兴），定长江，四方推戴，自践帝位，失机二。四年以还，清室移让民国之条件已定，政府颁布共和之制度已明，如群公所言，清室授权大总统，而非让位于民国，其能昭信于天下乎？况主张帝制诸人，矫袭经义，师承新制（王莽建立的王朝，国号曰“新”），上书投票，举国哗然。修闻古之建国，皆举兵以得天下，未闻用笔而定天下者，有之厥为新莽（即王莽），宜其祚之不永也”。“且帝制诸人，日挟云台（袁世凯长子袁克定字）以蔽大总统。外间真舆论，大总统得知其梗概乎？修为云台危，为大总统危，为袁氏危，深愿予言之不中也。愿大总统三思而后行之，则国家、袁氏之福，馨香祝之。”[①] 他说得情词恳挚，声泪俱下。

袁世凯听了，甚为感动，说：“究竟你是老朋友，他们实在胡闹，你去拟一道命令来，明日即将他们解散。”

严修出来，甚为满意。第二天，带着解散筹安会命令的文稿来到总统府，被传宣处的人挡驾。严修说明系复昨日总统之命。传宣处的人说，今日奉总统之命，无论何人，概不传见。严修方

① 刘成禺：《洪宪纪事诗本事簿注》，见《洪宪纪事诗三种》，第228—229页。

才恍然，知道袁世凯真意之所在。[1]王锡彤问他帝制之事，他说："已曾密陈当局，但说官话，令向筹安会说去。筹安会中人，岂有理由可说者？"[2]即日出都而去，绝迹于北海。

袁世凯称帝后，封严修为中卿。

1916年3月22日，袁世凯被迫取消帝制。4月，他又想起了相交数十年，未尝言及官阶升迁，苦口阻止帝制的"国士"严修，对自己不能听从其谏劝，甚感羞耻。致函严修说："时局阽危，干济需材，非有老成谋国者从中谋画，不足以固邦基而维国本。对于一切机要，随时参与，如有所见，即行详细条举，以备采择。"[3]

6月6日，袁世凯死去。严修进京吊唁，当天回到天津。8月下葬袁世凯时，又前往彰德送葬。

在1915年帝制公开之前，严修无论是为官为民，出于感恩观念，对袁世凯一直忠心耿耿，关系至为密切。即使帝制之初，他也诚挚地向袁世凯提出忠告，尽了一个老朋友的责任，可谓无负于袁世凯。而袁世凯在帝制问题上却欺骗了他，使他拂袖出京。他们的分歧主要在应不应实行帝制，正确的一方无疑是严修。取消帝制后袁世凯虽然又想起了他，但他们之间的友谊却不可能完全恢复了。不过，袁世凯去世后，严修还是未忘他的情谊，前去吊唁送葬。

---

① 《密谋帝制之渊源》，《中华新报》1915年12月11日、13日，见《老新闻》，第272页。

② 王锡彤：《抑斋自述》，第212页。

③ 《手书致严修函》，《袁世凯全集》第35卷，第130页。

杨　度：复辟帝制的忠实推手

杨度字皙子，湖南湘潭县人，1875 年生。1894 年中举人。后两次参加会试落榜，纳资捐为郎中。1896 年跟随湖南大名士王闿运治学，深受其“帝王之学”的影响。

1902 年 4 月，杨度自费赴日本东京弘文学院速成师范班学习。同年 10 月肄业期满，回到国内。1903 年 7 月，赴京参加经济特科考试，初次取中一等第二名，但因新党嫌疑未参加复试，又前往日本，入东京法政大学速成科学习。1906 年，受熊希龄委托，曾帮助出洋考察政治大臣端方等译述各国宪法和政治制度。

1907 年 1 月，杨度在东京创办并主编月刊《中国新报》，阐发宪政理论，重点鼓吹召开国会，“与政府宣战”[①]，并参与对革命派的《民报》论战。6 月，成立宪政讲习会（后改为宪政公会），发布《中国宪政讲习会意见书》，激烈谴责清政府，肯定了国民

① 杨度：《〈中国新报〉叙》，《中国新报》第 1 期。

应当享有参政权利，号召人民主动起来争取。9 月 20 日，朝廷宣布成立资政院，为以后建立正式议院打下基础。杨度认为资政院不能代表民意，派熊范舆等代表宪政讲习会赴京，将一二年内即行开设民选议院的请愿书呈送都察院代奏。10 月，他回到湖南，又发动士绅入都请愿，成立了宪政讲习会湖南支部（不久改称湖南宪政公会）。由此成为立宪派著名的宣传家与活动家。

军机大臣袁世凯和张之洞闻知杨度回国，电令湖南巡抚送其入都。1908 年 3 月，杨度在北京设立了宪政公会本部，当选为常务员长，兼评议员。4 月 20 日，在袁世凯、张之洞推荐下，清廷命杨度以四品京堂候补，在宪政编查馆行走。

此时的杨度仍然保持着民党领袖时期的本色，“竭力以国会利益陈说于诸公之间”[①]。谒见张之洞、袁世凯时，他说：“公等以开国会相召，仆以开国会应召而来，此次能否留京，以开国会与否为断。若仍枝枝节节办起，公等幕下人才济济，似无须用仆参与其间。”[②] 为了召开国会，他曾单独上政府一个说帖，还到天津进行发动。后又对朝中大臣言：“此次进京，专为国会而来，如政府不早颁布开设国会年限，仍当出京联合各省要求国会。在朝既不能为富贵所淫，在野更不能为威武所屈。宗旨已定，生死祸福皆所不计，即以此拿交法部，仍当主张到底。”[③] 颇有坚持真理、

① 《宪政篇》，《东方杂志》第 5 年第 7 期。

② 《纪闻》，《广益丛报》第 6 年第 12 期。

③ 《杨京卿热心国会》，《申报》1908 年 6 月 16 日。

鄙薄利禄的正义气节。

8 月 27 日，清廷宣布召开国会以九年为期，同时公布了《逐年筹备事宜清单》。立宪派人士嫌九年期限过长，非常不满，有人怀疑《逐年筹备事宜清单》系杨度起草，对之进行攻击。杨度公开发表《布告宪政公会文》，声称我党“此时但宜捧场谕旨，引导人民恪遵分年预备清单，而为确立基础之法”。“以君主大权制钦定宪法，实于今日中国国势办理最宜。”“君民权限偏轻偏重，非此时国事之所急，人民不宜于此过争也。”[1] 政治立场发生了明显转变，由立宪派的领袖变为政府筹备立宪的御用官僚，由反对政府的急先锋变为政府的辩护士。

1909 年 1 月 2 日，摄政王载沣将袁世凯开缺。过去，尽管杨度在国内薄有声名，但毕竟仅有一个候选郎中的空头衔，且处于在野的地位。后经袁世凯推荐进入宪政编查馆，成了清政府中的四品大员，并担当起参与筹备宪政的重任，这是一个普通官员在短期内无法企望的，而他一回国便轻而易举地获得了。他感激袁世凯的知遇之恩，同时通过一个时期的观察接触，以为袁世凯就是他理想中的“帝王”人物，对之非常崇拜。故袁世凯在天津乘火车回河南时，他不避嫌疑，赶去送行。患难见真情，袁世凯将他的友谊铭记在心。

以后杨度因失去靠山，形影孤立，曾呈请辞职，未获批准。

---

① 《宪政公会常务员长杨度布告宪政公会文》，见甘厚慈编：《北洋公牍类纂续编》卷 2，第 28 — 29 页，1910 年。

1910年3月，他不顾舆论，一反自己过去铁路自办的主张，给邮传部上条陈，谓粤湘鄂铁路均宜借款部办，立即引起湖南、湖北人士的围堵和声讨。经此打击，其声誉一落千丈，心情非常之坏，又想辞职，写信向袁世凯倾诉。8月16日，袁世凯回信说："都门一别，迅已两年，伟议英姿，固无时不在念也。昨奉手翰，备荷注存，并代商鄙人出处，语长心重，可谓实获我心，具仰相知之深，见爱之厚，不同恒泛。矧兄侵寻衰病，精力迴非昔比，遗大投艰，实难胜任。……前闻道经汉口，小受惊恐，执事主持公论，乃不见谅于人。自来偏激之徒，倡议一事，盲从附和，必有多人，而事之成败，言之践否，在所不计。社会现状如此，可为慨叹。吾弟委蛇京邸，不克发抒素抱，良代扼腕。然环顾时局，挽回补救，终赖才隽。愿益宏所蓄，以待时会，灰心思退，似觉未可。秋凉倘果过我，容再罄谈壹是。故人鸡黍，不妨一领略田家风味也。"[①] 从此信中，不仅可以看出杨度十分关心袁世凯的去就进退，而且也可以看出袁世凯对杨度主张铁路国有受到攻击的同情，劝他不要灰心思退，要等待时机，二人的感情确非一般。

1911年4月27日，杨度由宪政编查馆参议兼任考核专科总办。6月，任皇族内阁统计局局长。

10月10日，革命党人在武昌起义。14日，载沣任命袁世凯为湖广总督，督办剿抚事宜。杨度闻知，当日南下河南彰德洹上村谒见袁世凯，"言革命初起，袁公督师，必一鼓平之，清之改善，

① 《袁世凯未刊书信稿》中，第667－669页。

殆无希望”。[1]劝其不要应命。袁世凯不愿做革命党，没有听从劝告，还是出山了。

杨度并不因自己的意见未被采纳态度有所变化，仍然坚定不移地一心拥护袁世凯。在袁世凯提出与民军议和后，为制造和谈空气，适应其政治需要，他与革命党的要员汪精卫在 11 月上旬共同发起成立了国事共济会。声称发起此会，是为了和平解决君主立宪与民主立宪的问题，要求南北停战，召集国民会议，以国民之意公决，无论所决如何，君宪、民宪两党必须服从，否则即为国民公敌。[2]旋将陈请书送到资政院，遭到王公议员的坚决抵制。11 月 16 日，袁世凯组织责任内阁，以杨度为学务副大臣。杨度以将与民军议和，奏请开缺。23 日又上呈内阁，要求国民公决国体，请为代奏，向清廷施加压力。

12 月 7 日，袁世凯委杨度为参赞，随和谈总代表唐绍仪南下议和。杨度到了上海，即向黄兴疏通袁世凯之意，为革命党人投函恫吓，遂回北京。

1912 年 1 月，袁世凯有了当总统的把握，采取各种办法逼宫。杨度遂联合一些同党召开共和促进会发起大会，积极予以配合。并向袁世凯提出两条要求：停战期满不再开战；速由内阁请旨宣布共和。又发表宣言说，目前主张君主立宪为时已晚，为挽救国家危亡，保全皇室，应速实行共和。严厉斥责“大张君主立宪之

---

① 王锡彤：《抑斋自述》，第 172 页。

② 参见《国事共济会宣言书》，《大公报》1911 年 11 月 19 日。

帜”，破坏阻挠和谈不遗余力的亲贵王公及顽旧之徒。[①]

袁世凯当上临时大总统后对杨度颇为器重。然而杨度自命不凡，只愿帮忙，不愿帮闲，加之有人进谗，渐被疏远。但袁世凯并没有忘记他，1913 年 12 月，特派他为政治会议议员，继又任其督办汉口建筑商场事宜。1914 年 6 月，任命他为参政院参政。1915 年 1 月，又命其兼任国史馆副馆长，授其少卿衔。

杨度不甘寂寞，经常追随在袁世凯长子袁克定左右，与总统府内史夏寿田过从甚密，对袁世凯的心思颇为了解。1915 年春，他即与袁克定谈及变更国体之事，并陪同袁克定宴请梁启超，暗示其赞成帝制。4 月他写了一篇《君宪救国论》，交夏寿田呈递袁世凯。袁世凯阅后大为激赏，亲笔题写了“旷代逸才”四字，制匾赐予他。

8 月，杨度听到帝制马上就要公开进行，前去谒见袁世凯，提出组织机关鼓吹帝制的问题。袁世凯说：“不可，外人知我们关系，以为我所指使。”杨度想在改朝换代时立个大功，正色说：“度主君宪，十有余年，此时如办君宪，度是最早之一人，且有学术上自由，大总统不必顾虑。”[②] 并献策说：“宜贿买当今失意穷困之老革命党员，使之上书劝进，以表示举国人一致拥戴之公意。袁世凯深韪其议。”[③] 他从袁世凯处领来二十万元活动经费，高兴异

① 《共和促进会之进行》，《申报》1912 年 2 月 5 日。

② 张国淦：《近代史片断的记录》，《近代史资料》总 37 号，第 153 页。

③ 冯自由：《革命逸史》2，第 218 页，中华书局，1981 年。

常，立即将袁世凯之意告知孙毓筠、李燮和、胡瑛、刘师培，又把严复拉进来，共同发起组织筹安会，成为袁世凯帝制自为的帮凶。

8月14日，杨度与孙毓筠等发表了组织筹安会的宣言。声称："我国辛亥革命之时，人民激于感情，但除种族障碍，未计政治进行，仓卒制定共和国体，国情适否，不及三思。"民国创始之后，"国家所历危险，人民所感痛苦，举国上下，皆能言之。长此不图，祸将无已"。"美之大政治学者古德诺博士即言君主实较民主为优，中国尤不能不用君主国体。""我等身为中国人民，国家之存亡，即为身家之生死，岂忍苟安默视，坐待其亡！本会之立，特以筹一国之治安，研究君主、民主国体二者以何适于中国，专以学理是非、事实利害为讨论之范围。至范围以外各事，本会概不涉及，以此为至严之界限。将以讨论所得，贡之国民。"[①] 23日筹安会正式宣告成立，杨度任理事长，孙毓筠为副理事长，严复、刘师培、李燮和、胡瑛为理事，并通电各省选派代表来京。

28日，筹安会越出了"学理"讨论范围，对国体进行投票表决，"一致主张君主立宪"。翌日，向全国宣告："立国之道，不外二端，首曰拨乱，次曰求治。""我国拨乱之法，莫如废民主而立君主；求治之法，莫如废民主专制而行君主立宪。"[②] 公开鼓吹

① 《筹安会与各省机关及各团体往复函电》,《君宪问题文电汇编》第1册，北京正蒙印书局。

② 《筹安会与各省机关及各团体往复函电》,《君宪问题文电汇编》第1册。

帝制，敲响了袁世凯帝制自为丑剧的开场锣鼓。

筹安会公开发表宣言，明目张胆鼓吹帝制，反对共和，犯了“紊乱国宪”的内乱大罪，按法必须予以严惩。有人据此问袁世凯可否干涉筹安会。此时袁世凯已经秘密组织起一个由内务总长朱启钤为首的十人班子，作为发动帝制的中枢，密电各省将军、巡按使，谓“国体问题，共和不能适用，亟应改为君主立宪，以救危亡”。[①] 称帝的实际筹备工作业已开始进行，他感谢筹安会鼓吹还来不及，哪能再去干涉呢？因此，他答复说：“共和原理，本当集大众之心思才力，以谋大众之安乐幸福，此等开会讨论之举，于共和原理初不相背，何从横加干涉乎？”[②] 非但如此，为使“六君子”免出意外，他还格外施恩，派遣荷枪的武装警察前去保护“六君子”的私宅。

但袁世凯的辩护蒙骗不住心明眼亮的人们。有人上呈总检察厅，控告筹安会；有人上书肃政厅和大理院，对杨度等人提出弹劾、起诉。肃政厅亦上书袁世凯，提出应将筹安会“迅予取消，以靖人心”[③]。为保住杨度等人，袁世凯硬是扯起“自由讨论”的破旗为筹安会大开绿灯。

杨度等人恃有袁世凯为后台老板，不顾人民群众的强烈反对，公然抛掉“研究讨论”的外衣，把部分来京的各省代表和旅京人

---

① 中国社会科学院近代史研究所藏档案。

② 《商务日报》(重庆)，1915 年 9 月 1 日。

③ 《肃政厅请取消筹安会呈文》，《讨袁史料》，第 112 页。

士组织成“公民请愿团”，于9月2日向参政院递交请愿书，请求改变国体。15日，筹安会以国体讨论已告结束，此后应进而讨论立宪问题，乃改称宪政协进会。19日，梁士诒成立了全国请愿联合会。杨度等也不甘落后，急起直追，组织了女子请愿团、乞丐请愿团和妓女请愿团，手持各色旗帜，大呼小叫奔向街头，齐集新华门外，跪呈劝进表，请求袁世凯俯顺民意，早正大位。

11月，在各省召开的所谓国民代表大会结束，一致决定改变国体，推举袁世凯为皇帝。12月11日上午，参政院举行全体会议。事前，袁世凯与杨度、杨士琦和孙毓筠策划好了召开的程序，准备好了推戴书和袁世凯的申令。会上，杨度和孙毓筠提议，参政院为各省委托的总代表，应该恭上推戴书。与会者均赞成，接着把参政院的总推戴书和各省代表的推戴书一齐呈送袁世凯。下午，袁世凯下达申令说：“自问功业既未足言，而关于道德、信义诸大端又何可付之不顾？”望另行推戴。[①]参政院当天呈上了第二次推戴书，首先列举了袁世凯“经武”“匡国”“开化”“靖难”“定乱”“交邻”六大“功烈”，称其功勋“迈越百王”。接着解释了他的“道德”问题。最后请求他“亟颁俞诏，宣示天下，正位登极”。[②]

12日，袁世凯下令承认帝位。当天，杨度和孙毓筠率宪政协

① 《政府公报·命令》，1915年12月12日。

② 《政府公报·命令》，1915年12月13日。

进会会员一万余人上书，请袁世凯早正大位。[①]19 日，大典筹备处成立，杨度为成员之一。20 日，杨度和孙毓筠再上奏折，请袁世凯即位。[②]

在护国军和全国人民讨伐下，1916 年 3 月 22 日，袁世凯被迫取消帝制。4 月 12 日，杨度辞去参政。6 月 6 日，袁世凯死去。杨度撰送的挽联为：共和误民国，民国误共和，百世之后，再平是狱；君宪负明公，明公负君宪，九泉之下，三复斯言。可见他没有认识到自己鼓吹帝制的错误。

杨度与袁世凯结识较晚，但始终认为他是个帝王式的人物，积极追随其后，为其卖命；自己也野心勃勃，思欲攀龙附凤，当上开国元勋，官居首辅。结果袁世凯因叛国称帝遭到举国反对，忧愤而死；杨度作为帝制祸首，被政府通缉。

① 中国社会科学院近代史研究所藏档案。

② 中国社会科学院近代史研究所藏档案。

黎元洪：面和心不和的儿女亲家

黎元洪字宋卿，湖北黄陂人，1864年生。1877年参加直隶练军。1883年考入天津北洋水师学堂。毕业后在北洋海军服役，参加过甲午战争，继在张之洞的自强军任职，1906年晋升为第二十一混成协统领。当年10月率部参加彰德会操，与阅兵大臣袁世凯结识，袁世凯对其表现评价很高。

1911年10月10日，革命党人在武昌发动起义。黎元洪吓得躲在参谋刘文吉家中。革命党人将其搜出，请其担任湖北军政府都督，他思想守旧，坚决不允。经咨议局议长汤化龙等人再三劝说，又看到一部分革命党人的强硬态度，知道僵持下去没有好处，方才勉强应承下来。可是人们请示机宜，他又不置可否，大家背地里称其为“泥菩萨”。及至武汉三镇全部解放，看到士兵和广大人民群众的革命热情和牺牲精神，方才站到革命一边。

袁世凯东山再起后，既不是为了革命，也不是为了清朝，而是想夺取全国政权。因此，他确定了对革命力量又打又拉的策略，尚未出山，即命刘承恩以同乡的关系，两次写信给黎元洪，进行和谈试探。11 月 1 日冯国璋统率的北洋军占领汉口后，袁世凯以为有了一点儿谈判的本钱，又让刘承恩致函黎元洪，说朝廷已下罪已诏，确定实行立宪，赦开党禁，皇族不再过问国政，国事尚有挽回振兴之期，务望和平了结。黎元洪问大家怎么回答，大家主张置之不理。过了几天，袁世凯又令刘承恩派侦探王洪胜持信往见黎元洪试探。黎元洪以推翻清王朝为先决条件，予以拒绝。

11 月 9 日，鄂军总司令黄兴写信给袁世凯，明确告诉他：如果他能“以拿破仑、华盛顿之资格，出而建拿破仑、华盛顿之事功，直捣黄龙，灭此虏而朝食，非但湘、鄂人民戴明公为拿破仑、华盛顿，即南北各省，当亦无有不拱手听命者”。劝其不要坐失时机。[①]

袁世凯见黄兴以中国第一任大总统相期，实行两面策略的决心更大了。11 日，正式派刘承恩、蔡廷干为代表，带着他的亲笔信渡江与民军议和。声称现在清廷已宣誓实行立宪，革命目的可谓已达。倘再延长战争，生灵益将涂炭，且恐酿瓜分之祸。希望暂息兵端，公举代表入京，组织新内阁，共图进行之策。黎元洪当即驳斥了革命招致瓜分的谰言，揭露了袁世凯欲借议和实现其“彼握大权，然后驱逐满人，自践帝位”的狼子野心；并从公仇私仇方面阐述了袁世凯应转变立场，同情革命，“反旆北向”，不

① 《闵文昌旧存有关武昌起义的函电》,《近代史资料》1954年第1期，第70－71页。

要做“尤无人格”的“满奴”，“否则约期大战而已”。[①] 并给袁世凯回信，劝其赞成共和，勿为清王朝所用。

其实，袁世凯并不打算搞什么君主立宪，其真正目的是试探革命党人对自己的态度。通过这两次接触，他心中有了底数，很为高兴；但革命党人拒绝和谈的强硬态度又使他怒不可遏。13 日北上组阁时，他对军事重新做了部署，令冯国璋倾全力攻克汉阳。27 日，汉阳落入北洋军之手。如果乘胜而进，渡江强攻，武昌民军能否固守得住很成问题。但袁世凯的目的是使民军知道他的厉害，不能屡拒和谈，而不是一鼓荡平武昌。所以他只准北洋军用炮隔岸向武昌城头轰击，不准渡江强攻。

后来袁世凯通过英国领事向到达汉口的独立各省代表提出和谈的要求，代表们立即表示同意。隔了几天，袁世凯即派唐绍仪南下与伍廷芳谈判。

1912 年元旦，孙中山在南京宣誓就职中华民国临时政府大总统。1 月 3 日，黎元洪当选为副总统，继又当选为同盟会协理。2 月 12 日清帝退位后，袁世凯当选为临时大总统，黎元洪再次当选为副总统。4 月，袁世凯任命黎元洪兼参谋总长，企图将其调至北京，但黎元洪坚辞，袁世凯只好让其遥领，以次长陈宧代理部务。

不久，袁世凯致函黎元洪邀聘人才，指明要张振武等人到京。张振武为湖北著名的革命党人，参与指挥武昌起义，后任湖北军

---

① 郭孝成：《议和始末》，《辛亥革命》8，第 65 — 67 页。

政府军务部副部长。他根本瞧不起被迫革命的黎元洪，军务部取消以后，对黎元洪尤其不满。黎元洪对他也很忌恨，接到袁世凯来函，告诉他中央将委以重任，请他进京。5月张振武到京，袁世凯只授以总统府的军事顾问。张振武嫌无实权，袁世凯又委任其为蒙古屯垦使。张振武因袁世凯不批准设立专门机构，返回湖北。袁世凯又电请他进京。8月10日，张振武与湖北将校团团长方维带领多人抵达北京。

黎元洪欲借袁世凯的屠刀诛锄异己，密电袁世凯，给张振武、方维加上“蛊惑军士，勾结土匪，破坏共和，图谋不轨”的罪名。并假仁假义地说：“元洪爱既不能，忍又不可，回肠荡气，仁智俱穷。伏乞将张振武立予正法；其随行方维，系属同恶相济，并乞一律处决。”[①]

袁世凯决定将计就计，达到自己的目的。他丝毫不露声色，令冯国璋、段祺瑞、姜桂题等高级将领轮番设宴，热情欢迎张振武一行。13日，黎元洪又电催，并派秘书饶汉祥等人进京谒见袁世凯，请即日处决。15日晚上，袁世凯即命段芝贵将张振武逮捕，解送军政执法处。16日凌晨，军政执法处处长陆建章不经任何法律手续，即将张振武秘密处决。方维在张振武被捕之前已由步军统领枪毙。

在袁世凯宣布张振武的罪状中，黎元洪的电报被录了进去，最后说：“诚如黎副总统所谓爱既不能，忍又不可，若事姑容，何

① 《政府公报·公电》，1912年8月18日。

以对烈士之英魂？不得已，即着步军统领、军政执法处总长遵照办理。”[①]

这一事件引起中外各方面震骇，舆论哗然。在京的湖北知名人士闻讯，立即去质问陆建章和袁世凯。湖北籍议员一面致电黎元洪严厉质问，一面在参议院提出质问案，要求政府拿出张振武的犯罪证据，陆军总长段祺瑞到院答复。袁世凯根本拿不出证据，只得以事情重大、实关全国安危和军事机密搪塞。

黎元洪只想借刀杀人，不知袁世凯根本不会代人受过，把责任又推到自己身上。袁世凯并非不知屠杀革命党人会产生强烈反响，其所以如此，一是从黎元洪之请，杀了革命党人可以推卸责任；二为挑拨黎元洪与革命党人的关系，迫其倒向自己。完全是以阴谋回应阴谋，以其人之道还治其人之身。黎元洪弄巧成拙，声誉大损，只好厚着面皮，再三通电全国，一面罗列张振武的罪状，证明其死罪有应得；一面沉痛检讨，声明优加抚恤，赡养其母终年，抚育其子成人，派员迎柩归葬，亲自祭奠，将其事略编集成书，请袁世凯宣示天下。同时引咎辞职，求得革命党人谅解。[②]可又怕弄假成真，授意湖北头面人物通电挽留。经此一番折腾，其威信丧失殆尽。同盟会总部鉴于他“暴戾恣睢，擅杀元勋，破坏《约法》，动摇民国”，议决革去其同盟会协理职务并开除出

① 蔡寄鸥：《鄂州血史》，第 207 — 208 页，龙门书局，1958 年。

② 《袁世凯等有关张振武案的电文一组》，《历史档案》1983 年第 1 期。

会。[1] 黎元洪为保持个人地位，遂投向袁世凯的怀抱。

7月，袁世凯电邀黎元洪进京“共商国是”。黎元洪因张振武事件受到各方责难，不敢进京。10月9日，袁世凯授黎元洪大勋位。

1913年3月，国民党代理理事长宋教仁被刺身死。4月26日深夜，袁世凯命总理赵秉钧等与英、法、德、俄、日五国银行团签订了“善后大借款”合同。遭到国民党人的同声反对。5月9日，黎元洪通电说：宋案、借款两事发生，谣言蠭起，祸在眉睫。此时所赔洋款需要速还，军政各费不能停止，各省又不能立集巨款，“今日舍借款无救急之方”。“为今之计，国民惟有监督用途，力求补救。至于宋案，当然由法庭主持办理。”造成现在情况的原因在于有些人怀疑“暗杀为帝制之谋，借款为军事之费”。袁世凯“为识时之英雄，决不逆潮流而犯名义”。“今者法庭未有正式裁判之确期，议会未有正式否认之成案，似不能遽为政府罪。”[2] 他主张和平解决问题，但偏袒袁世凯的态度是很明显的。30日，他又领衔十七省都督、民政长发出通电，认为借款非常必要，宋案由法庭主持办理。他的表态更坚定了袁世凯以武力战胜国民党人的信心。

7月12日，国民党发动“二次革命”，李烈钧宣布江西独立，通电讨袁。这次战争与黎元洪很有关系。袁世凯出兵江西，势必假道武汉。如黎元洪不答应借道，袁世凯定要极其慎重地考虑出

---

① 《神州日报》，1912年8月30日。

② 《黎元洪主张和平办理宋案借款电》，《民初政争与二次革命》上编，第341—342页。

兵问题。但黎元洪自张振武被杀以后就卖身投靠，对袁世凯消灭国民党欣然同意，而且披肝沥胆，大递降表。其致袁世凯电说：“元洪惟知服从中央。长江下游，誓死撑拄，决无瞻顾。倘渝此盟，罪在不赦！”袁世凯亦报之以赌咒发誓，回电说：“世凯若有欺天下之心，利一姓之见，亦罪在不赦！”[①]有了黎元洪的倾心输诚，袁世凯才得以顺利派师南下。

“二次革命”爆发后，黎元洪几次密电袁世凯，报告江西的形势，催促袁世凯发令征讨。并献媚说：他身为军人，“受国民之托，惟知服从命令，拥护共和，名誉生命，皆所不计”。[②]他为虎作伥，越发助长了袁世凯的气焰。

镇压了国民党的“二次革命”后，袁世凯为表彰黎元洪的汗马功劳，授其一等文虎章，赠送“民国柱石”匾额。

按规定，正式总统必须在国会制定宪法之后，依据宪法选举产生，宪法未定之前，不能选举。这时宪法还没有影子，袁世凯的心腹爪牙想出一个先选举总统、后制定宪法的妙策。他们倡言，若要取得外国承认，使国家免受瓜分之祸，必须先选举出总统。此意一出，黎元洪便会同十九省都督、民政长于 8 月 5 日发出通电，主张先选出总统，再定宪法；或是先从速制定宪法，再选总统。但不论采取何法，一定要在两个月内，一气呵成。这完全迎合了袁世凯要当正式总统的急切心情。9 月 28 日，黎元洪再次发

---

① 蔡寄鸥：《鄂州血史》，第 242 页。

② 《袁世凯政府三日存电》，《近代史资料》1962 年第 1 期。

出通电，请参众两院速选总统。

10月6日，国会选举正式总统，袁世凯当选。次日选举副总统，黎元洪当选。

黎元洪虽然极力投靠袁世凯，但袁世凯并不把他当作自己人，始终放心不下，处心积虑地想将其调开，12月8日派大将段祺瑞到武汉敦请。黎元洪推辞不得，匆匆召开一个秘密会议，作好交代，准备过几天回来。10日，黎元洪还在进京的路上，袁世凯就发表了段祺瑞暂兼代领湖北都督的命令。11日上午，袁世凯宴请黎元洪，所有国务员作陪。袁世凯首先起立，举杯为其祝寿，说："宋卿先生此次诞日，本总统因有公务，竟不得往贺，深以为憾。今幸得把臂一堂，曷堪欣慰。"言下喜形于色。[①] 袁世凯表面上与他打得火热，却以确保安全的名义让他居住在当年慈禧太后囚禁光绪皇帝的瀛台。

19日，黎元洪见返回湖北无望，被迫辞去湖北都督的兼职。袁世凯立即批准，写信盛称其"伟业丰功，彪炳寰宇"。极为肉麻地说："昕夕握谈，快倾心膈"，"每念在莒之艰，辄有微管之叹"。末后说："国基初定，经纬万端，相与有成，期我益友。嗣后凡大计所关，务望遇事指陈，以匡不逮。"[②] 黎元洪身为副总统，地位和名望很高，各方面都想拉拢他。袁世凯对他特别优待，派统率办事处总务厅厅长唐在礼与他联系，进行照顾，郑重地嘱咐唐

① 《首次相会宴请副总统黎元洪致词》，《袁世凯全集》第24卷，第409－410页。

② 《政府公报·命令》1913年12月20日。

在礼：如果他有所要求，一般的要让他十分满意，不用请示，马上给他办到。袁世凯也竭力表示亲近，令其夫人不时邀请黎夫人入府宴饮，并主动请人与黎元洪联姻，结为儿女亲家（黎女绍芳许配袁子克玖）。但不论袁世凯说得如何动听，表现如何亲近，黎元洪丧失了实权和自由，同袁世凯的矛盾开始加深。为了自保起见，绝口不谈时事，很少与外人联系，每日晨起，焚香诵经，养晦待时。

1914 年 5 月 26 日，袁世凯下令设立参政院。参政院是咨询机关，又代行立法机关职权，参政七十三人全部由袁世凯直接任命，是个彻头彻尾的御用机关。为使参政院具有更大的欺骗性，运用起来更有利，袁世凯未让党羽担负重任，任命黎元洪为院长。

1915 年袁世凯加紧帝制活动时，曾数次探听黎元洪的口气。有一次问黎元洪："近来有许多人要我做皇帝，亲家，你看怎样？"接着马上又表白："这些人当然是胡闹。"黎元洪说："革命的目的是推翻专制，建立共和。亲家，如果你做了皇帝，怎能对得起武昌死难烈士？"[①] 筹安会鼓吹帝制后，一日黎元洪谒见，袁世凯道及此事，说："我本心地明白，岂肯听从彼等胡闹，设公处此，未知意见若何？"黎元洪不答。袁世凯再三询问。黎元洪方道："兹事关系极大，非某等所宜与闻。虽然，是否之权悉在元首，若以为不可者，盍以明令解散之。"袁世凯默然。黎元洪辞出后，袁

① 黎重光：《回忆我父黎元洪二三事》，《辛亥革命回忆录》6，第 305 页。

世凯对其亲近之人说："吾果实行帝制，他日正羞见此公耳。"[①]

黎元洪既不赞成帝制，又不敢站出来公然反对，试图以退让妥协的办法，换取袁世凯不要改变共和制度。他带头上书，建议实行总统世袭制："窃以为总统之号，不宜变更，继承之法，当为厘定。"但选举之弊很多，"为今日计，莫若定总统世袭之制"。[②]袁世凯要的是皇帝，对此根本不感兴趣，看过之后不置可否，叫政事堂存档了事。9月初，黎元洪看到帝制不得人心，辞去参政院院长职务，未得准许，但他此后不再参加会议。

为了拉拢黎元洪以资号召，故承认帝位之前，袁世凯屡次派员争取，且应黎元洪之请，准其迁出瀛台，移居东厂胡同。11月，黎元洪两次呈请辞去参政院院长和参谋总长，接着又向参政院辞去副总统职务，并呈报袁世凯，裁撤副总统办公处；向财政部声明，其副总统薪水及交际费自11月截止。12月12日，袁世凯申令承认帝位。黎元洪再次辞去参政院院长和参谋总长。

袁世凯越发着意笼络，派人告知黎元洪，要封其为武义亲王。黎元洪召集左右研究对策，一派主张非接受不可，否则会有危险；一派主张坚决不能接受，为湖北起义的人留些脸面。黎元洪采纳了后者。12月15日，袁世凯下策令说，黎元洪在辛亥革命时"建节上游，号召东南，拱卫中央，艰苦卓绝，力保大局，百折不回。癸丑（1913年）赣宁之乱，督师防剿，厥功尤伟"，特册封为武

---

① 许指严：《新华秘记》，《近代稗海》3，第362页。

② 中国社会科学院近代史研究所藏档案。

义亲王。[1]并令在京简任以上文武官员到黎元洪府邸致贺，意欲勉强黎元洪接受王爵。百官奉旨，齐赴黎元洪府邸。国务卿陆征祥手捧策令封诰，鹄立门口，率领百官请见。黎元洪便装走出。陆征祥致贺词，略谓："大总统以阁下创造民国，推翻满清，功在国家，故明令晋封为武义亲王酬庸。特率领在京文武首领，恭谨致贺，恳即日就封，以慰全国之望。"黎元洪答道："大总统虽明令发表，但鄙人决不敢领受。盖大总统以鄙人有辛亥武昌首义之勋，故优予褒封。然辛亥起义乃全国人民公意，及无数革命志士流血奋斗，与大总统主持而成。我个人不过滥竽其间，因人成事，决无功绩可言，断不敢冒领崇封，致生无以对国民，死无以对先烈。各位致贺，实愧不敢当！"[2]话虽不多，意颇刺人，说完掉头而入，弄得百官大煞风景，面面相觑，默然离去。

袁世凯见此着不成，又施展诡计，派成衣匠为黎元洪量做亲王制服，在信封上大书"武义亲王开拆"字样，迫其接受，均被黎元洪退回。17日，黎元洪又上呈辞封王爵，略谓：他在辛亥革命时，不过因人成事，偶拥虚名。1913年镇压国民党的"二次革命"，仅奉令行事，不敢贪天下之功以为己功。入都以来，尸位素餐，没有什么贡献。"若犹独享殊荣，僭膺非分，将使家世为千夫所指，岂唯私衷之终夜不安！"[3]在呈中，他称袁世凯为大总统，

---

① 《政府公报·命令》，1915年12月16日。

② 张国淦：《洪宪遗闻》，《文史资料选辑》第1辑，第145－146页。

③ 《黎元洪未刊信电稿》，《近代史资料》总93号，第90页。

不承认其为皇帝。

18日，袁世凯下令将黎元洪列入旧侣，勿要称臣。次日，又申令黎元洪不许固辞王爵，并派大礼官捧着诰封申令，前往黎宅。至黎宅大厅，步军统领江朝宗长跪堂中，手捧诰令，大呼："请王爷受封。"黎元洪大怒，由内疾步而出，卷起袖子，指着江朝宗大骂："江朝宗，你哪里这样不要脸？快快滚出去！"江朝宗仍然挺身直跪，大呼"王爷受封"。黎元洪怒极，命左右将其拖出去，派人将袁世凯的诏令退回去。[①]31日，袁世凯赐"福""寿"字，信封上写"武义亲王"，黎元洪又退了回去。在反对帝制、坚拒册封这个关键问题上，黎元洪的态度是坚决的。

1916年3月，黎元洪支持张国淦去天津面见徐世昌，请其忠告袁世凯退位。袁世凯撤销帝制以后，黎元洪曾与徐世昌、段祺瑞联名致电陆荣廷、梁启超、唐继尧、蔡锷，请停止战争，共图善后。但蔡锷提出的条件与袁世凯提出的条件完全相反，根本无法谈判。黎元洪便一言不发。徐世昌辞去国务卿。袁世凯任段祺瑞为国务卿，公布了各部总长。次日，袁世凯对教育总长张国淦说："副总统许久未见，大局如此，须得副总统为我帮忙。副总统人极长厚，但是经验似还不够。本人意思，打算请副总统每日到府，与我同桌披阅文电，商讨大计。这样局面，将来总要他担任，此时多多接头，以后种种好办，烦你将我意思向副总统说明。"张国淦不明其真实动机，提出由平时向副总统传话的杨士琦正式

① 刘成禺：《洪宪纪事诗本事簿注》，《洪宪纪事诗三种》第185、274页。

往请比较郑重。退出后即往见黎元洪，告诉了此事。黎元洪不愿进府。杨士琦相请时见其闪烁其词，不得要领，回去报告袁世凯，袁世凯也未再催促。[1]

在袁世凯生病期间，黎元洪再三考虑是否亲去看望，最终还是未去，仅让女儿去了。

5月8日，云南、贵州、广西、广东四省成立统一机构军务院，发表宣言，拥戴黎元洪为总统。6月6日，袁世凯在全国一片反对声中死去。次日，黎元洪就任大总统。为袁世凯举行公祭时，总理段祺瑞代表他主祭。28日，袁世凯的灵柩送往河南，他率国务总理以下各官至新华门恭送。

黎元洪本无革命思想，是被革命党人用枪杆子逼着当上湖北都督的。后来为了自身的利害，投靠了袁世凯。但袁世凯并不信任他，将其调离湖北，使其失去实权，由此产生矛盾。他虽然没有公然反对袁世凯称帝，但内心实不赞成，并在坚拒册封这一具体问题上表明了自己的坚定立场。

---

① 张国淦：《中华民国内阁篇》，《北洋军阀史料选辑》上，第199页。

倪嗣冲：老袁干什么都绝对拥护

倪嗣冲字丹忱，安徽省阜阳县人，1868 年生。监生出身。1895 年捐官郎中，1898 年选任山东省陵县知县。第二年，闻知义和团设坛授术，他立即逮捕，并禀报大吏，力陈奸民左道惑人，必须严禁。而后回家为其母亲服丧。

袁世凯出任山东巡抚后，得知倪嗣冲忠勇朴诚，饶有胆略，缉捕尤为勤能，盗匪均甚畏服，奏请将其调来。他剿办义和团的确极其卖力，深得袁世凯赏识。袁世凯任直隶总督后，也把他调来，保举为知府、补用道员。1902 年，又以其参与镇压了广宗县景廷宾领导的暴动，奏请赏加二品衔，仍以道员留直隶补用，交军机处记名简放。

1907 年，倪嗣冲任黑龙江省民政使，后兼任省巡防营翼长、垦务督办。1909 年 8 月，东三省总督锡良上奏，倪嗣冲承办屯垦，营私舞弊，捏报浮支。清廷据此将其革职，并勒追赃款。

1911 年 10 月 6 日，倪嗣冲前往河南彰德为袁世凯祝寿。10 日，辛亥革命爆发。14日，清廷起用袁世凯为湖广总督，命其前往镇压。倪嗣冲要求跟随效力。20日，袁世凯奏请令倪嗣冲驰往前敌委用差遣，任其为湖北巡防左翼翼长。11月27日，清廷开复了他的黑龙江民政使原官。12月3日，任河南布政使。倪嗣冲曾密谋拥戴袁世凯称帝，袁世凯以为时机不到，急忙制止。1912年7月，改任督办苏鲁豫皖交界剿匪事宜。

1913年7月12日，国民党发动“二次革命”。17日，胡万泰宣布安徽独立。袁世凯立即任命倪嗣冲为皖北镇守使，令其率兵进攻。时隔数日，又升其为安徽都督兼署民政长，使其成为安徽的最高军政长官。8月上旬，倪嗣冲督率军队攻陷凤台、寿州、正阳。袁世凯授其一等文虎章，以示鼓励。继而胡万泰被收买倒戈，通电取消独立，请倪嗣冲到省视事。

对于国民党发动“二次革命”，倪嗣冲极端仇视。10月12日，他发出通电，叫嚷“将国民党一律解散；其有身居津要而迹涉嫌疑者，应令免职回籍，使之闭门思过”[①]。

袁世凯当选为正式总统后，为了加强专制，公然干涉制定宪法，通电各省文武官员，授意他们群起反对。在各省文武官员中，倪嗣冲叫嚷最凶。10月29日，他紧跟袁世凯的论调，通电说：宪法草案“以立法机关而干涉用人、理财，剥夺行政之权已尽。甚至行政诉讼，亦入司法范围。直使行政官吏层层束缚，仰鼻息于少数议员”。“推原祸始，此次宪法起草，实为国民党人所主持。”

① 《安徽函电》，《近代史资料》1962年第1期。

恶毒攻击宪法草案“显违法理，阴加鼓煽，实为该党破坏民国再接再厉之手段，与黄兴等之谋逆搆乱，一而二、二而一也”。欲求根本之解决，“惟有仰恳大总统当机立断，迅将国会解散；其国民党之议员，并即驱逐回籍，交各省官司详加察看”。[①]

11月4日，袁世凯下令解散国民党，取消国民党籍的议员资格。倪嗣冲唯恐“除恶”不尽，又请袁世凯下令，凡各省籍隶国民党的候补议员，一律取消其候补资格。袁世凯立即采纳，下令各省执行。[②]

1914年2月27日，倪嗣冲向各省都督、民政长提议实行总统制，废除内阁制，并联衔电达政府，极力加强袁世凯的专制独裁。6月30日，袁世凯下令裁撤各省都督，设立将军，任命倪嗣冲为安武将军，督理安徽军务。在这一年里，倪嗣冲严酷镇压了本省的江淮讨袁侠义军起事，支持袁世凯尊孔复古，提倡读经。

1915年8月，杨度组织筹安会鼓吹实行帝制。倪嗣冲积极拥护,9月6日参与由政事堂左丞杨士琦领衔的上书，呈请改变国体。次日，他又单独上书，说共和以后，变乱频仍，政治难以进行。“推原其故，盖以共和国体总统数年一任，不惟改选之时举国若狂，必酿巨变，即在平日，而觊觎神器、想入非非者，已不乏联络政客，扰乱社会治安之人。长此不改，国何以国？况中国历史四千年来均属君主国体，人民习惯以君主为全国托命之人。”“各省将

---

① 《安徽函电》，《近代史资料》1962年第1期。

② 李良玉、陈雷主编：《倪嗣冲函电集》，第87页，社会科学文献出版社，2011年。

军合词吁请，各省士民奔走相告，足见君主政体实为救亡根本之图。”“伏乞大总统毅然英断，早定大计，以固邦本而安人心，国家幸甚！人民幸甚！”[①]

11月，国民代表投票一致赞成帝制，并推戴袁世凯为皇帝。倪嗣冲为防止人民反对，立命十五营军队开往蚌埠，以备缓急。并请中央迅速实行帝制。听说外国公使提出警告，他又电请袁世凯速下决心，“早定大计”。[②]

12月12日，袁世凯申令承认帝位。21日，册封倪嗣冲为一等公。

25日，蔡锷、唐继尧等通电云南独立，讨伐袁世凯叛国。倪嗣冲大为憎恨，27日，急忙联合各省将军、巡按使等进行劝告，希望“联合上陈，声罪致讨”。[③]28日，他电奏：“国是已定，天命有归，断非少数人私意所得主张，亦即非少数人私意所得破坏。”“唐继尧等重违民意，反复叵测，天兵一临，如汤沃雪。伏乞圣上赫然震怒，声罪致讨。臣虽不敏，窃愿整备三军，听候驱策。”[④]次日，又密电袁世凯，请其早日登极：“君宪国体，虽经宣布，惟大位一日未正，即人心一日不安，乱党奸人，乃得伺隙蠢动。云南之事，亦其一端。伏恳我皇上毅然乾断，即请早登大宝。名分既定，则天戈所指，自足戢彼逆谋。否则迁延愈久，谣诼日

① 《倪嗣冲函电集》，第253—254页。

② 中国社会科学院近代史研究所藏档案。

③ 《倪嗣冲函电集》，第259—260页。

④ 中国社会科学院近代史研究所藏档案。

滋，将来之忧，正未可量。”①

继云南之后，贵州、广西相继独立，全国各地反袁的声浪愈益高昂。1916 年 3 月 20 日，倪嗣冲进京。22 日，袁世凯召集帝制派要人开紧急会议，也让他参加了。会上，袁世凯提出立即撤销帝制。段祺瑞等人均同意。倪嗣冲却拍案而起，狂叫：“君主政体中国行之数千年，何物小丑，敢以取消相要挟！臣誓死扫荡群丑而后已！”②袁世凯把冯国璋等五人的密电往他手中一塞，他方无异言。但他认为，取消了帝制，西南护国军就应解甲息兵。倘若“再负险自固，抑或要挟多端，则是攘利争权，甘居戎首”。必须“视为公敌，共伸挞伐”③。

袁世凯取消帝制，又自居总统。独立各省认为他已经丧失总统资格，继续声讨。4 月 10 日，袁世凯任倪嗣冲为长江巡阅副使。22 日，又任其为安徽巡按使。为了维护袁世凯的总统地位，倪嗣冲又通电说：“近阅报章，忽有求退位之请，无稽之言，殊深骇怪。夫总统任期载在《约法》，中道更易，国本动摇，扰攘之争，益无底止。”“倘再得步进步，妄肆要求，是非保障共和，实欲断送中国。嗣冲一息尚存，决难坐视，肝脑涂地，亦所甘心。”④叫嚷要与护国军以兵戎相见。

6 月 6 日，袁世凯忧愤而死。倪嗣冲闻知，哀恸至极。

---

① 《政府公报·公电》，1916 年 1 月 8 日。

② 李剑农：《戊戌以来三十年中国政治史》，第 229 页，中华书局，1965 年。

③ 《倪嗣冲函电集》，第 266 页。

④ 《倪嗣冲函电集》，第 270 页。

徐世昌曾言：“忠于项城者，丹宸（忱）其第一人矣。”[1]此说符合实际。最初，倪嗣冲从一个知县被袁世凯保举为道员。后来袁世凯东山再起，又开复了他在清末被革职时的原官，并委以重任，直到任命其为将军，督理安徽军务，使其掌握一省军政大权。他对袁世凯绝对忠诚，辛亥革命时劝说过袁世凯称帝，而后积极支持其加强专制独裁，拥戴其称帝，取消帝制后又极力维护其当总统。总之，不论袁世凯干什么，他都绝对拥护，确实是袁世凯的一个得力干将，也是一条最忠实的走狗。

① 沃丘仲子：《徐世昌》，第75页。

后　记

陈卓先生约写本书时，要求十万字左右，我觉得字数太少，且与拙著《袁世凯传》的内容难免重复，没有写的必要。陈先生认为这是个普及读物，没有关系，坚持要写。我只得遵命。

袁世凯在清末民初的政治舞台上活动了三十多年，人际关系既多又杂，不可能都写。本书选择的十五位人物，工作岗位不同，地位有高有低，均与袁世凯共事多年，关系较为密切，写起来内容充实一些，但手头积累的资料有限，一时也很难将他们之间的关系完全理清。限于条件，不能再补充新的资料，只好勉强交卷。不妥之处，敬请批评指正。

侯宜杰

2017 年 1 月 17 日于北京